「うちのマンションは大丈夫だろうか？」
そう感じているあなたへ――

はじめに

分譲マンションは都市部では、いまやごく普通の住まい

2018年（平成30年）末の時点で、日本の国内には約655万戸の分譲マンションがあります（国土交通省調べ）。ここ10年ほどは毎年10万戸超のペースで増えており、このままいけば2030年には800万戸近くになるでしょう。

持ち家数は日本全体で3200万戸（2013年時点）あり、同じ時点での分譲マンションの割合は20％弱です。ただ、都市部で見ればその割合は跳ね上がり、5割を超えるエリアも少なくありません。

都市部において、いまや分譲マンションはごく普通の住まいであり、今後も分譲マンションを購入し、分譲マンションで生活する人は間違いなく増えていくでしょう。

しかし、それゆえ分譲マンションにさまざまな不安を感じる人も増えているのです。

大雨による浸水、欠陥工事、管理費等の値上げ、大地震の被害……

例えば、2019年10月の台風19号による大雨では、川崎市内にある超高層マンションが浸水。数週間にわたって停電と断水が続き、大きく報道されました。大雨によって機械式駐車場が水没するといった被害は、従来からほ

マンション管理はこうして見直しなさい 新版

委託費見直し8ケース
&マンション管理
14社実力比較!!

ソーシャルジャジメントシステム［編］
廣田晃崇［著］

ダイヤモンド社

かでも繰り返し発生しています。

あるいは、2015年に発覚した横浜市の傾斜マンション問題では、基礎杭の一部が堅い地盤（支持層）に届いていない疑いがあることなどから全棟を建て替えることになりました。施工不良や欠陥による分譲マンションの建て替えも、以前から発生しています。

最近では、管理費や修繕積立金の負担増の動きが注目されます。管理費については、人手不足や最低賃金の引き上げにともない、管理会社からの値上げ要請が相次いでいるためです。修繕積立金については、当初の設定金額が低すぎ、十数年の周期で行われる大規模修繕工事の費用がまかなえないため、値上げや一時金の徴収に迫られるケースが少なくありません。

近い将来、発生するといわれる首都直下地震や南海トラフ地震など巨大地震の影響も懸念されます。鉄筋コンクリートでできたマンションは一般に、戸建てより地震や火災に強いとされますが、エレベーターや給水ポンプなどマンションならではの設備が被害を受けると、生活に大きな支障が生じます。

さらにいえば、築後30〜40年といった分譲マンションが増えており、将来の建て替えをどうするかという問題もあります。いまのところ、建て替えに成功したケースは極めて限られており、補修やメンテナンスをきちんと行い、長く住み続けられるようにすることが重要とされます。

不都合やトラブルがあってからでは遅い！

こうした分譲マンションについてのさまざまな不安に立ち向かいつつ、快適な生活の場として、また大切な資産としての価値を維持するため、ますます重要性が増しているのが「マンション管理」なのです。

分譲マンションは居住用の建物としては規模が大きく、給排水系や電気系など設備も複雑で、しかも多くの世帯が一緒に暮らしています。ハード、ソフト両面において、「管理」の重要性は戸建て住宅の比ではありません。

それゆえ、「マンションは管理が重要」ということがこれまで言われてきました。ただ、「マンション管理」とは何を意味するのか、どのように取り組めばいいのか、きちんと認識している人はそれほど多くはないと思います。

分譲マンションを購入し、住んでいる人の多くは、管理費と修繕積立金を毎月支払い、管理会社が清掃や設備の点検をやってくれること、というくらいのイメージしかないのではないでしょうか。

「マンション管理」は空気のようなもので、何か不都合やトラブルがあってはじめてその重要性を思い知ることになりますが、それでは遅いのです。

「マンション管理」の全体像とポイントを分かりやすく整理、解説

分譲マンションの管理の重要性が、国の政策において明確に位置づけられたのは２０００年に成立した「マンションの管理の適正化の推進に関する法律」（マンション管理適正化法）からのことです。

当社はその3年前、１９９７年に分譲マンションの管理組合と区分所有者をサポートする日本初のコンサルティング会社として設立されました。

それ以来、当社はこの業界の先駆者として1万件を超えるご相談に応じるほか、管理委託費の無料簡易査定、理事会の定期サポート、アフターサービス利用のための共用部分点検サポート、日常の管理業務を見える化するＩＴ

システムの開発など、さまざまな取り組みを行ってきました。

本書は、そうした当社の経験とノウハウをもとに、分譲マンションの管理の全体像とポイントを初心者のみなさんにも分かりやすく整理し、解説してみたものです。

「うちのマンションは大丈夫だろうか?」

そう感じている多くのみなさんにとって、マンション管理を適切に見直し、少しでも安心につながるきっかけになれば幸いです。

株式会社ソーシャルジャジメントシステム
廣田晃崇

目次

第2章

分譲マンションの管理組合の組織と仕組みはこうなっている！ 37

第3章

分譲マンションで起こる管理トラブルの傾向と対策 61

第4章

管理会社と緊張感を持って付き合うのが賢い管理組合だ！

第8章

「修繕工事」の部位別のポイントはここだ！

第9章 マンションの建物に欠陥や不具合が見つかったら、こうしなさい！ 177

巻末2

マンション管理会社 主要14社 実力比較

第1章

分譲マンションに住むなら、管理についてこれだけは知っておきなさい！

Q1

マンションを選ぶとき、管理に注意しないと後で大変ってホント？

マンションの資産価値と住み心地は、管理に大きく左右されます。マンション管理について理解を深め、マンション選びに生かしましょう。

マンションでは「管理」がなぜ重要なのか？

分譲マンションはいまや、都市部では当たり前の住まいです。その数は2018年末で全国に655万戸。住宅全体の2割を占め、東京など都市部では5割を超えるエリアもあります。

マンションを含め住宅の資産価値は一般に、立地や土地・建物の広さ、設備や部材のグレード、間取りなどに左右されますが、分譲マンションでは「管理」も大きく影響します。

なぜなら、戸建てに比べてマンションは建物の規模が大きく、設備は複雑で、耐用年数も長期にわたります。そのため、点検や補修などには専門性と計画性が欠かせません。

また、分譲マンションで個人の所有になるのは各住戸の内部に限られ、柱や壁、床など建物の構造部分やエレベーターなど設備の多くは全員の共有です。そのため、購入者の間での合意形成や費用の公平な負担が重要になります。

さらに言えば、分譲マンションでは同じ建物に多くの人が一緒に暮らします。トラブルを防ぎ、お互い気持ちよく過ごせるようにするために一定のルールが求められます。

こうしたことから、分譲マンションの資産価値は、買った後の「管理」によって大きく左右されるのです。建物や設備が適切に維持管理されるマンションは築年数が経ってもあまり値下がりしないのに対し、管理が不十分だと大きく値下がりする可能性があります。一定のルールがきちんと守られていれば、日々の住み心地も快適なものになるでしょう。

分譲マンションにおける「管理」の大切さを理解し、購入時によくチェックしておかないと、後で後悔することになりかねません。新築であれ中古であれ、分譲マンションを選ぶ際にはぜひ、「管理」に注目していただきたいと思います。

図表1　マンション選びで「管理」が重要な理由

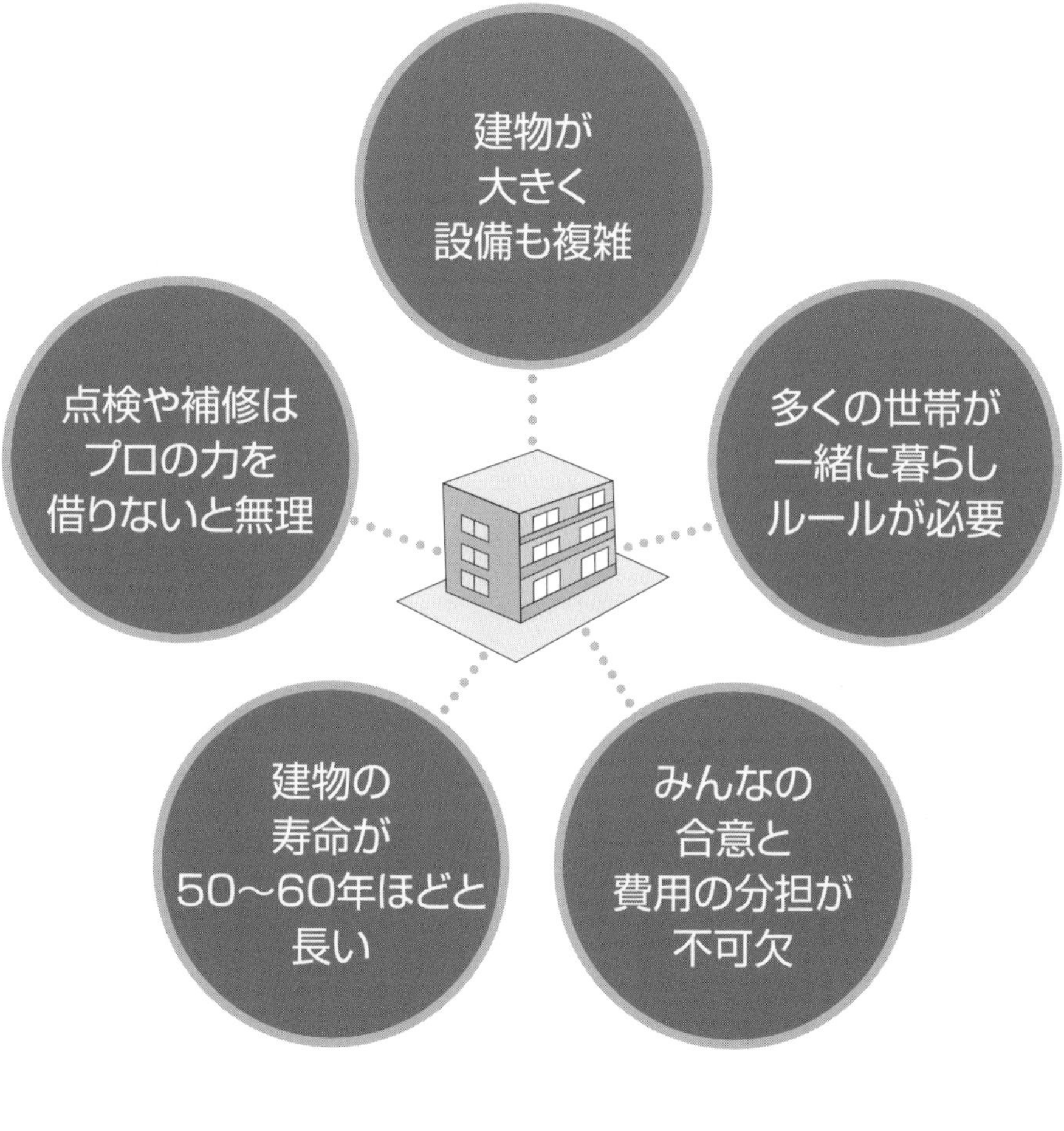
建物が
大きく
設備も複雑
点検や補修は
プロの力を
借りないと無理
多くの世帯が
一緒に暮らし
ルールが必要
建物の
寿命が
50〜60年ほどと
長い
みんなの
合意と
費用の分担が
不可欠

新築でも中古でも
マンションを買うときは
「管理」のチェックが不可欠だ

Q2 マンションの管理でチェックすべきポイントはどこ?

ハードとソフト、さまざまなポイントがありますが、特に重要なのは管理組合の活動、財務状況、建物・設備のメンテナンスの3つです。

まず重要なのは管理組合の活動と財務状況

「管理」の良し悪しによって、マンションの資産価値と日々の住み心地は大きく左右されます。そして、適切な管理のためにはハードとソフトにわたり、さまざまなチェックポイント（図表2）があります。それらのうちぜひ知っておきたいものを本書では順に説明していきますが、特に次の3つが重要だと思います。

ソフト面では、管理組合がきちんと活動していることです。分譲マンションでは、建物の大部分や敷地は購入者全員の共有になっており、それをどのように管理するかは購入者全員で構成される管理組合で決め、実行していきます。もし、管理組合が十分に機能しておらず、管理会社に丸投げといったことでは、管理がおろそかになりかねません。

また、管理には当然、コストがかかります。日常の清掃や管理員などの費用はもちろんですが、特に重要なのは十数年周期で行う屋上防水のやり直しや外壁補修などの大規模修繕工事です。一戸当たり100万円以上かかることもあり、それをあらかじめ準備するのが毎月の修繕積立金です。積立てが不足していると必要な修繕工事が行えなくなったりしかねません。管理費も含め、管理組合の財務状況が健全であることは、適切な管理の前提条件です。

一方、ハード面では、分譲当初から建物や設備のチェックとメンテナンスを適切に行うことです。問題があれば早めに直すことで、大きな不具合や余分な支出を防ぐことができます。

そのためには、購入者もハード面についてある程度、基本的な知識を身につけ、気になることがあれば第三者の専門家の力を借りるなどして、早めの対応を心がけるべきです。

図表2　マンション管理でチェックすべき主なポイント

ハード面	ソフト面
□建物の**構造や設備**において、管理のコストがかさんだり、将来のメンテナンスが難しそうな点はないか □**配管類**のメンテナンスに対する配慮があるか □分譲当初、**アフターサービス**を活用して初期不良をきちんと直しているか（中古マンション） □これまでの**修繕工事**の履歴はどうなっているか（中古マンション） □建物や設備に管理組合として把握している何らかの**不具合**が発生していないか（中古マンション）	□**管理規約**の内容はどうなっているか（国土交通省のひな型（※）に準じていることが目安） ※「マンション標準管理規約」 □**長期修繕計画**はあるか、ある場合、その期間はどれくらいか（新築時は30年、中古では25年が目安） □**管理組合**の活動は活発か（中古マンション） □**管理会社**はきちんと業務を行っているか（中古マンション） □**管理費、修繕積立金**の金額は妥当か（周辺の同じようなマンションと比較。また、中古マンションの場合、これまで見直しを行っているか、積立不足が発生していないか、など） □管理費や修繕積立金の**滞納**がどれくらいあるか（中古マンション） □マンション内で何か**トラブル**は発生していないか（中古マンション）

ハード面、ソフト面の
さまざまなポイントについて
本書で学んでいこう

Q3 分譲マンションの「管理」は、誰がするの？

管理会社や管理員がするものと思っている人もいますが、管理の主役はマンションを買ったみんなでつくる「管理組合」です。

費用を分担したりすることになります。

このことは、一戸建てやアパートの管理と比べ、いろいろな違いにつながります。一戸建てなどは基本的に、建物も土地も一人の人が所有しています。管理は所有者が自分一人で判断し、費用も所有者が自己資金やローンなどで工面します。

一方、分譲マンションでは多くの区分所有者がいますから、その意思決定や費用の分担にはルールが不可欠です。そのため分譲マンションのための特別の法律（区分所有法）があり、マンションごとに一定のルール（管理規約）が設けられており、さらには区分所有者が集まる集会において多数決をとったりします。

このため分譲マンションの管理は、どうしても時間と手間暇がかかります。そのため、誰かがやってくれるのだろう、管理会社に任せておけばいいと、無関心になりがちな面もあります。

ここに分譲マンションの管理の独自性と難しさがあるのです。

管理会社は〝脇役〟でしかない

そもそも、分譲マンションでは誰が「管理」を行うのでしょうか。ときどき「管理会社がやるんでしょう」と言う人がいますが、管理会社は契約で仕事を請け負った〝脇役〟に過ぎません。管理についての意思決定と費用を負担する〝主役〟は、分譲マンションを購入したみなさん一人ひとりです。

分譲マンションを購入した人は、「区分所有者」と呼ばれます。「区分所有者」とは文字通り、分譲マンションを区分所有する人という意味です。「区分所有」とは分譲マンションに認められた独特の権利関係のことで、詳しくはQ６（31ページ）などで説明しますが、建物や設備において各購入者の個人所有になる部分と、購入者全員の共有になる部分があるのです。そして、全員の共有になる部分の管理は、区分所有者が話し合って決めたり、必要な

図表3　一戸建てと分譲マンションにおける「管理」の違い

	一戸建て・アパート	分譲マンション
		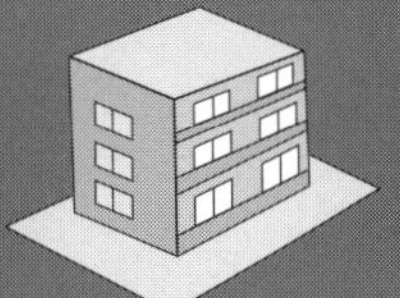
管理の主役	建物や土地を所有する人	**マンションを買った人=区分所有者** ※実際には区分所有者の代表=理事で構成する理事会がリードして行う
管理についての判断	所有者が一人で行えばよい	**注意!** **区分所有者による合意形成が必要** ※区分所有法や管理規約にもとづく多数決
コスト負担	所有者の個人負担であり、資金をどう準備するかも所有者次第	・区分所有者全員で分担 ※通常は専有部分の床面積割合による ・区分所有者の団体である管理組合が毎月、管理費と修繕積立金を徴収する ※未収分は管理組合が督促し、売買等で区分所有者が替われば新しい区分所有者が義務を負う
管理の具体的な内容	・日常の清掃などと建物や設備の定期的な点検が中心 ・設備などは故障や耐用年数に応じて交換 ・鉄部の塗装、屋根や外壁の塗り替えなど5～10年程度の周期で行う大規模な工事もある	・日常の清掃と建物や設備の定期的な点検が中心だが、エレベーター、給水ポンプ、機械式駐車場など大掛かりな設備も少なくない **注意!** ・建物の規模が大きく、設備も複雑で専門的なものがあり、高度な技術や専門性が必要なケースもある
日常管理の実施	通常、所有者が行う	通常は管理会社にほとんどの管理業務を委託する
大規模修繕の実施	時期や工事内容、工事会社など、すべて所有者が判断し、費用も所有者が負担	**注意!** **・あらかじめ長期修繕計画を作成し、費用については購入時の修繕積立一時金や毎月、修繕積立金を徴収して積み立てる** ・それでも不足する場合は、工事にあたって一時金を徴収したり、ローンの借り入れを行ったりする

Q4

管理組合と管理会社の関係は、どういうふうになっているの？

本来、管理組合が行うべきいろいろな管理業務を、管理会社にお金を払って任せているのです。

管理会社に頼むパターンは3つ

分譲マンションの管理の主役は「管理組合」です。本来は管理組合が、マンションの建物や設備、敷地などの共有財産を管理するための業務も行うべきです。

しかし、管理組合のメンバーである購入者＝区分所有者はみなさん仕事や家事で忙しく、また分譲マンションの管理業務には建築などの専門知識が必要なことも多く、まず無理です。

そこで、管理に関わるいろいろな業務を管理会社にお金を払って任せているのです。

管理会社への任せ方には、大きく分けて「全部委託」と「一部委託」があります。

全部委託は、管理に関わるほとんどの業務を一括して管理会社に任せるものです。管理組合としてやるのは、どんな管理をするか意思決定し、管理会社の業務をチェックすること。役員の負担が軽く、現在はこのパターンがほとんどです。

これに対し一部委託は、清掃や植栽など管理会社が専門会社に代行させているような業務について、管理組合が自ら直接発注するものです。全部委託に比べ、管理会社への手数料などをカットでき、うまくすれば役員の負担がさほど増えずに管理費の削減につながる可能性があります。

ただし、直接発注する専門会社の業務を管理組合が自らチェックしたり、不具合があれば指摘してやり直しさせたりしなければならず、意外に面倒なこともあります。

なお、管理会社に全く頼らず、専門会社を利用しながら管理組合が自ら管理を行う「自主管理」というやり方もありますが、役員の責任や負担が大きく、いまはあまり見られません。

図表4　管理会社への委託パターン

	どんなものか	メリット	注意点
一般的 **全部委託**	日常の清掃、管理員の派遣、設備類のメンテナンス、事務作業などまで管理会社に一括して任せるもの	・管理組合の役員の負担が少なくてすむ ・誰が役員になっても管理の質を一定に維持しやすい	・管理費が高くなりやすい ・管理会社に任せっきりになり、区分所有者の無関心につながりやすい
一部委託	管理業務の一部のみ管理会社に任せ、その他は管理組合が自ら行ったり、管理組合が専門会社に発注するもの	・全部委託より管理委託費を安く抑えられる可能性がある ・自主管理ほど役員の負担が重くない	・分離発注する専門会社の選択やコントロールが難しい ・全部委託より役員の負担や責任が重い
自主管理	管理会社には頼まず、管理組合が自らさまざまな管理業務を行い、必要に応じて専門会社にも発注するもの	・間違いなく、管理費を安く抑えられる ・区分所有者の当事者意識が高まる	・役員の負担が非常に大きい

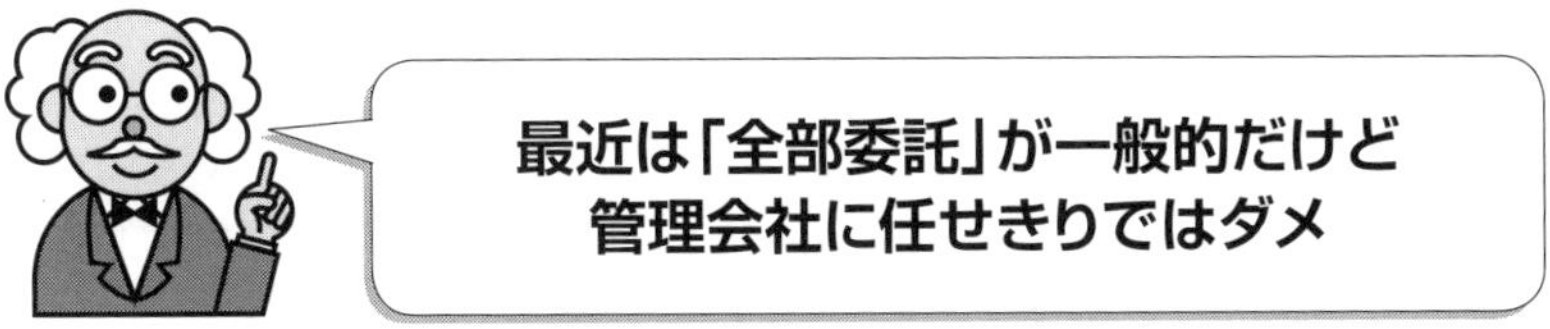
最近は「全部委託」が一般的だけど
管理会社に任せきりではダメ

Q5

管理費や修繕積立金の金額は、どうやって決まっているの？

新築時に売主の不動産会社が決めているのが一般的。入居した後で、管理組合として妥当かどうかチェックすべきです。

売主の不動産会社がとりあえず見込みで決めたもの

分譲マンションを買った人＝区分所有者が毎月払う管理費と修繕積立金。その額はどのようにして決まったのでしょうか。

多くの人は「もともとそう決まっているんだから、それでいいんじゃない」といった感じで、金額の根拠や妥当性についてほとんど気にしていません。

そもそも管理費は、マンションで日常的にどのような管理業務を行うのかを決め、それにかかるコストを計算し、各住戸の広さに応じて割り振ります（※）。

修繕積立金は向こう30年程度で想定される修繕工事を洗い出し、いまの時点で妥当と思われる工事のやり方と単価にもとづいて合計額を算出し、それを各住戸の広さに応じて割り振ります（※）。

こうした日常の管理業務や向こう30年程度で想定される修繕工事の費用について、分譲当初に売主の不動産会社が管理会社と相談しながら見積りし、管理費や修繕積立金の金額を決定しているのです。

※管理費及び修繕積立金の額については、管理規約において「共用部分の共有持分」に応じて算出するのが一般的です。そして、「共用部分の共有持分」とは、各住戸の専有部分の床面積の割合によります。ただし、タワーマンションなど階数による眺望や日照により住戸の価値に大きな差がある場合、「共用部分の共有持分」をそうした価値の違いにもとづく価値割合に連動させることも考えられます。

売りやすくするための〝操作〟が行われている

ここまでは基本的な話で、問題はここからです。

管理費や修繕積立金は、購入者にとってはある意味、住宅ローンや固定資産税と同じように、マンションを買ったら毎月必ず出ていくお金です。何千万円もする買い物なので、資金計画に余裕

図表5　管理費と修繕積立金の目安（東京圏・月額・70㎡の住戸の場合）

管理費	修繕積立金
196円／㎡×70㎡	179円／㎡×70㎡
↓	↓
●管理費の月額	●修繕積立金の月額
1万3720円	**1万2530円**

※国土交通省「平成30年度マンション総合調査」のデータより作成。
いずれも単棟型の平均月額（使用料・専用使用料からの充当を除く）

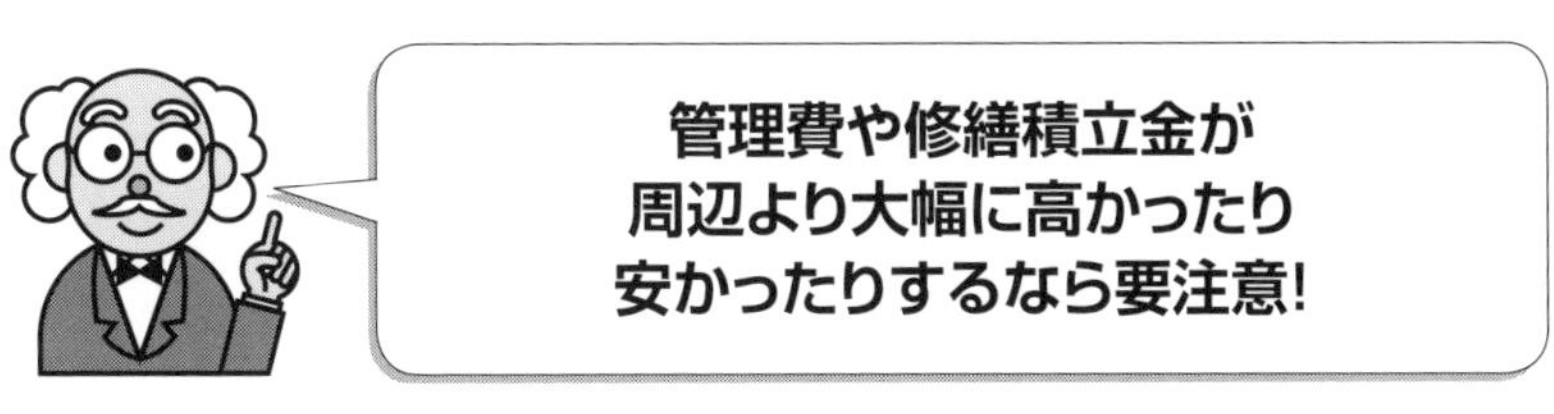
管理費や修繕積立金が
周辺より大幅に高かったり
安かったりするなら要注意!

がある人ばかりというわけにはいきません。「毎月の負担はできるだけ少ないほうがいい」と考えるのは当然でしょう。

　そこで、売主の不動産会社には、分譲当初の管理費や修繕積立金をなるべく抑えたいという考えが働きます。少なくとも、周辺の競合マンションより高くなることは避けようとします。

　そこでどうするか。後でも触れますが、管理費については、駐車場の利用料を管理費会計に組み入れることで、各住戸の負担額を抑えます。修繕積立金については、将来、値上げをする想定で、分譲当初は低く抑えます。

　最近の新築マンションの多くは、土地代や建築費の上昇で分譲価格が年々アップしていることもあり、こうした方法を使って分譲当初に設定する管理費と修繕積立金の金額を抑えようとしているとみて間違いないでしょう。

　管理費にしろ修繕積立金にしろ、本来いくらぐらい必要なのか、いくらくらいが妥当なのかではなく、「いくらくらいなら払ってもらえるか」を基準に決まっているのです。

管理組合として妥当な額をチェックし、見直すべき

　こうして売主の不動産会社によりある意味、〝操作〟された管理費、修繕積立金の金額は、購入した区分所有者も「最初から決まっているんだから」「プロが計算したんだから」などと思ってチェックしないまま放置されています。

　私たちのコンサルティングの経験上、管理費から支払われる項目の中には割高なものや不要なものが含まれていることが少なくありません。修繕積立金については将来、必要となる工事費に比べて低すぎます。

　妥当な管理費や修繕積立金の金額はどれくらいか。一つの目安として、国土交通省が多くのマンションのデータを集めて平均的にこれくらいという数字（図表5）を公表しています。しかし、これらはマンション全体の戸数や階数（高さ）などによる傾向しか分からず、むしろ「これくらいなら大丈夫だろう」と納得する根拠になっている可能性があります。

　大事なことは、自分たちのマンションにおいて妥当な金額を把握することです。それをしないで放っておくと管理組合のお金が足りなくなり、気がついた時には大幅な値上げやまとまった一時金が必要になったりする危険性があります。

　管理組合として一刻も早く、管理費と修繕積立金の金額の妥当性についてチェックすべきです。また、チェックして問題がなければ、財政面ではひと安心できます。

Q6 分譲マンションを買うと、自分のものになるのはどこまで？

購入した人のものになるのは建物の住戸内だけ。建物のそれ以外の部分や敷地は全員のものです。

分譲マンションのためにつくられた「区分所有法」

「マンションを買う」と普通に言いますが、その意味を厳密に考える人はあまりいないのではないでしょうか。

一般に「買う」とは、売買の対象となるモノの所有権を取得することです。所有権を取得すれば、あとは自分の好きなようにできます。

しかし、分譲マンションではちょっと事情が違います。分譲マンションの基本的なルールを定めているのが「建物の区分所有等に関する法律」、略して区分所有法です。

区分所有法はいまから60年ほど前、1962年（昭和37年）につくられました。それまで日本には、複数の世帯が一緒に暮らす建物としては木造の長屋やアパートくらいしかありませんでした。しかし、戦後の高度経済成長が始まろうとする中、東京など都市部では鉄筋コンクリートの分譲マンションが本格的につくられるようになり、その権利関係や管理について基本的なルールが必要になったのです。

例えば、マンションのエントランスやエレベーター、階段などはみんなのもの（共有）であることはすぐ分かりますが、各住戸の壁や天井、床、あるいは窓や玄関ドアはどこまでが個人のもので、どこからが共有なのか、すぐには判断できません。

そこで区分所有法ではまず、建物に壁や床で区切られた複数の住戸がある場合、それぞれ単独で所有する部分を「専有部分」、それ以外の共有となる部分を「共用部分」と分けました。また、「専有部分」の権利を「区分所有権」、権利を持つ人を「区分所有者」と名付けました。

さらに、「共用部分」の管理については基本的に、管理規約をベースに区分所有者の総会などで決めることにしたのです。

図表6　分譲マンションには、自分の所有になる部分とみんなの所有部分がある

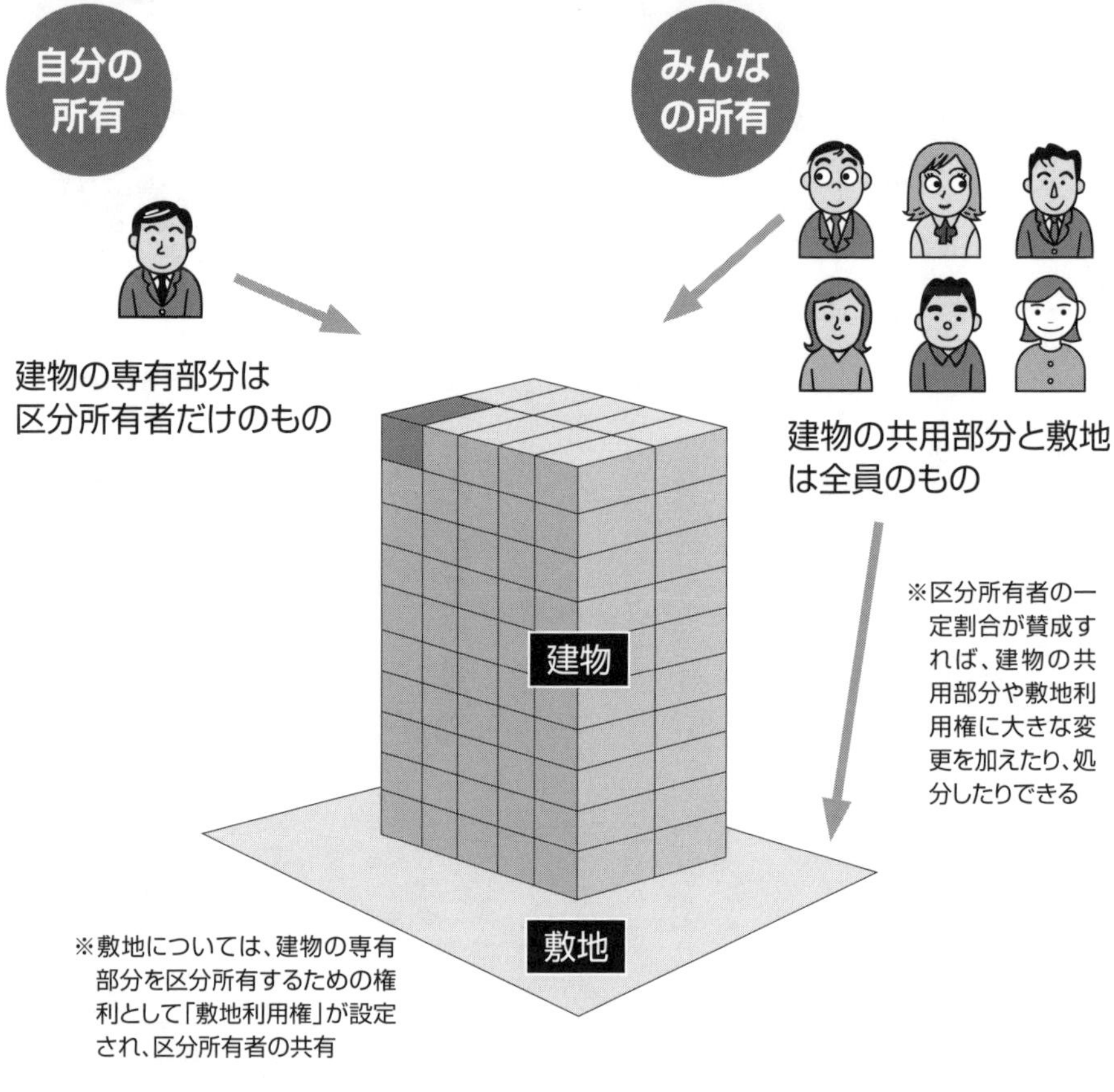
自分の所有
みんなの所有
建物の専有部分は区分所有者だけのもの
建物の共用部分と敷地は全員のもの
※区分所有者の一定割合が賛成すれば、建物の共用部分や敷地利用権に大きな変更を加えたり、処分したりできる
建物
敷地
※敷地については、建物の専有部分を区分所有するための権利として「敷地利用権」が設定され、区分所有者の共有

分譲マンションの基本的なルールは「区分所有法」という法律で決められている

Q7 〝自分のもの〟と〝全員のもの〟の境目はどこ？

「区分所有法」をもとにしながら、具体的にはそれぞれの分譲マンションごとに「管理規約」というルールで決めています。

窓のサッシやガラスなども実は「共用部分」

一戸建てを買うのと同じような感覚で分譲マンションを買う人がいますが、それでは後から「こんなはずじゃなかった」ということになりかねません。

そのひとつが、自分の判断でリフォームできる範囲です。

一戸建てであれば、建物も設備も個人の所有であり、室内の模様替えはもちろん、間取りの変更や屋根、外壁の更新などかなり自由にできます。

しかし、分譲マンションでは、先ほど説明したように建物は購入者がそれぞれ区分所有する部分（専有部分）と、購入者全員の共有になる部分（共用部分）に分かれます。そのため、自由にリフォームできる範囲が、一戸建てとは大きく違うのです。

例えば、自分の所有（専有部分）と思われるような窓のサッシやガラス、玄関ドア（内側表面を除く）、バルコニー、あるいは上下階を貫通しているパイプスペースなどは共用部分にあたり、勝手にリフォームできません。

では、専有部分と共用部分の境目はどこなのでしょうか。どこまでが専有部分で、どこからが共用部分なのでしょうか。

実は区分所有法では、専有部分と共用部分の境界を明確には定めていません。マンションの建物の構造や設備はさまざまであり、実際には微妙でどちらかはっきりしない部分もあるからです。

マンションごとに「管理規約」で決めるのが一般的

そこで通常は、「管理規約」というマンションごとに定めたルールで、専有部分と共用部分を決めています。多くの分譲マンションでは、国土交通省が公表している「マンション標準管理規約」を参考にしており、その区分が目安になります。

図表7　専有部分と共用部分の境界の例（国土交通省の「標準管理規約」による）

専有部分	共用部分
・番号の付いた各住戸の内部 ※鉄筋コンクリートでできた建物の柱や壁、床など本体部分を除く仕上げ部分 ※玄関扉については、錠及び内装の塗装部分 ※窓枠及び窓ガラスは含まれない	**＜建物の部分＞** ・玄関ホール ・廊下 ・階段 ・エレベーターホール ・エレベーター室 ・電気室 ・機械室 **・パイプスペース**　注意! **・メーターボックス（各部屋の給湯器ボイラーなどの設備を除く）** ・内外壁 ・界壁 ・床スラブ ・基礎部分 **・バルコニー**　注意! **・ベランダ** **・屋上テラス** ・車庫　など **＜建物の附属設備＞** ・エレベーター設備 ・電気設備 ・給排水衛生設備 ・ガス配管設備 ・火災警報設備 ・インターネット通信設備 ・テレビ共聴設備 ・オートロック設備 ・宅配ボックス ・避雷設備 ・塔 ・集合郵便受箱 **・配線配管（給水管については本管から各住戸メーターを含む部分、雑排水管及び汚水管については配管継手及び立て管）**　注意! など **＜その他＞** ・管理事務室 ・管理用倉庫 ・集会室 ※それらの附属物

自分のものと全員のものの境目は、マンションによって微妙に異なるので注意しよう

Q8 自分が買った住戸内なら自由にリフォームできる?

専有部分でも実は、リフォームにあたって管理組合への届出や許可が必要なことがあったりします。

住戸がそれぞれ接しているためルールが大事

住戸内（専有部分）のシステムキッチンや浴室のバスタブ、洗面台、壁や天井の壁紙、床のフローリングなどは、基本的に区分所有者の判断でリフォームを行うことは可能です。

しかし、マンションは構造上、住戸がコンクリートの壁や天井、床で相互に接しており、専有部分のリフォームであっても工事にともなって騒音が伝わることがあります。

また、工事関係者が車両をマンションの敷地内に駐車させたり、工事関係者がマンション内に立ち入ることにともなう防犯上の対応、工事にともない共用部分を汚したり傷つけたりする可能性もあります。

こうしたことから多くのマンションでは、専有部分のリフォームを行う場合であっても、事前にリフォームの計画について管理組合へ届け出て、許可を得ることを必要としています。

床のフローリング工事では特に、リフォームで使用するフローリング材の性能（Q25参照）や工事の仕方について一定の条件を設け、それを許可の前提にしているところもあります。マンションにおける生活トラブルで最も多いのが上下階の間での音の問題であり、それをあらかじめ防ぐためです。

そもそもマンションに限らず、お互い気持ちよく、トラブルを避けて日々の生活を送るには、一定のルールが必要です。

分譲マンションならではの生活上のルールについては、区分所有法を基本としながら、それぞれ管理規約や総会での決議を通じ、個別具体的に定める必要があるのです。

図表8　分譲マンションでリフォームできる部分はここ

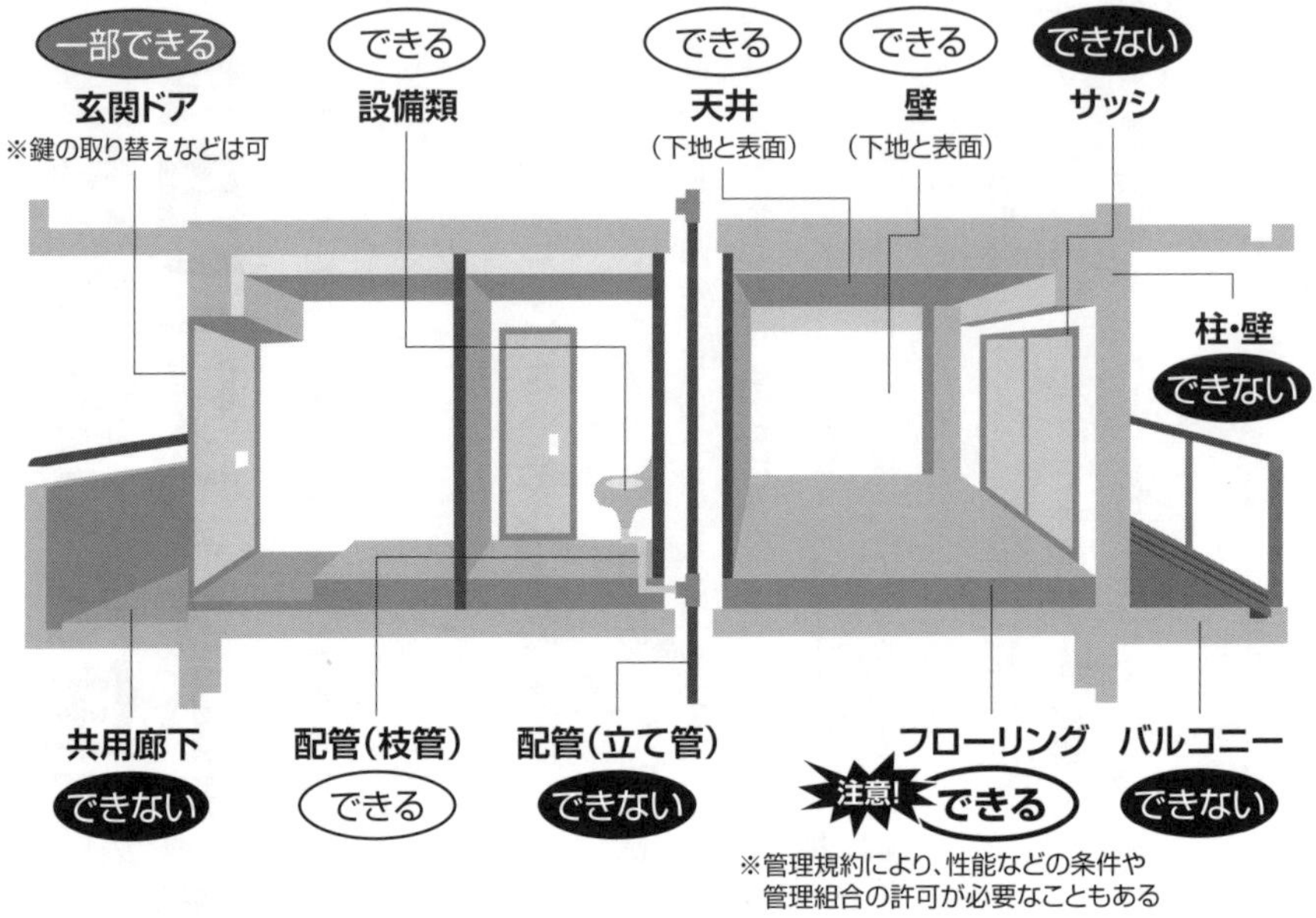

「専有部分」のリフォームでも
届出や許可が
必要なことがある

第2章

分譲マンションの管理組合の組織と仕組みはこうなっている!

Q9 管理組合は、どんなルールにもとづいて運営されているの？

基本となるのは、「区分所有法」、「総会決議」、そして「管理規約」の3つです。

「区分所有者」が一番上、次が「総会決議」

分譲マンションにおける基本的な法律関係を定めているのが「区分所有法」です。区分所有法によれば、「区分所有者は、全員で、建物並びにその敷地及び付属施設の管理を行う団体を構成」するとしています。この団体が管理組合です。管理組合は、株式会社のような法人ではありませんが、区分所有法の規定にもとづいて、「集会を開き、規約を定め」ることができるとされます。

すなわち、分譲マンションには「管理組合」が置かれ、「集会」において管理に関することを所有者の多数決で決めたり、「規約」という管理に関する自主ルールをつくったりすることができます。

言い換えると、それぞれの分譲マンションの管理組合は、区分所有法、管理組合の集会（総会）での決議、管理組合で定める規約（管理規約）の3つをベースに運営されているのです。

それぞれの関係についていえば、区分所有法が最も上にあり、組合の総会決議や管理規約で定めたことでも、区分所有法に反すると無効になる項目（強行規定）がいくつかあります。

次に来るのが総会です。総会には年1回の通常総会と、臨時総会があります。総会は管理組合としての最高意思決定機関であり、一定の多数決で行われた決議は、区分所有法等の強行規定に反しない限り、区分所有者などを拘束します。

管理規約は、専有部分と共用部分の区分、管理組合の運営方法など、管理組合の日常的なルールとなるものです。内容については、国土交通省がひな型（目安）として作成・公表している「マンション標準管理規約」があり、これを参考にしている分譲マンションが一般的です。管理規約は通常、新築引渡し時に区分所有者全員の賛成で成立し、その後は総会で全体の4分の3以上の賛成があれば変更できます。

図表9　分譲マンションの管理組合を運営するための基本3点セット

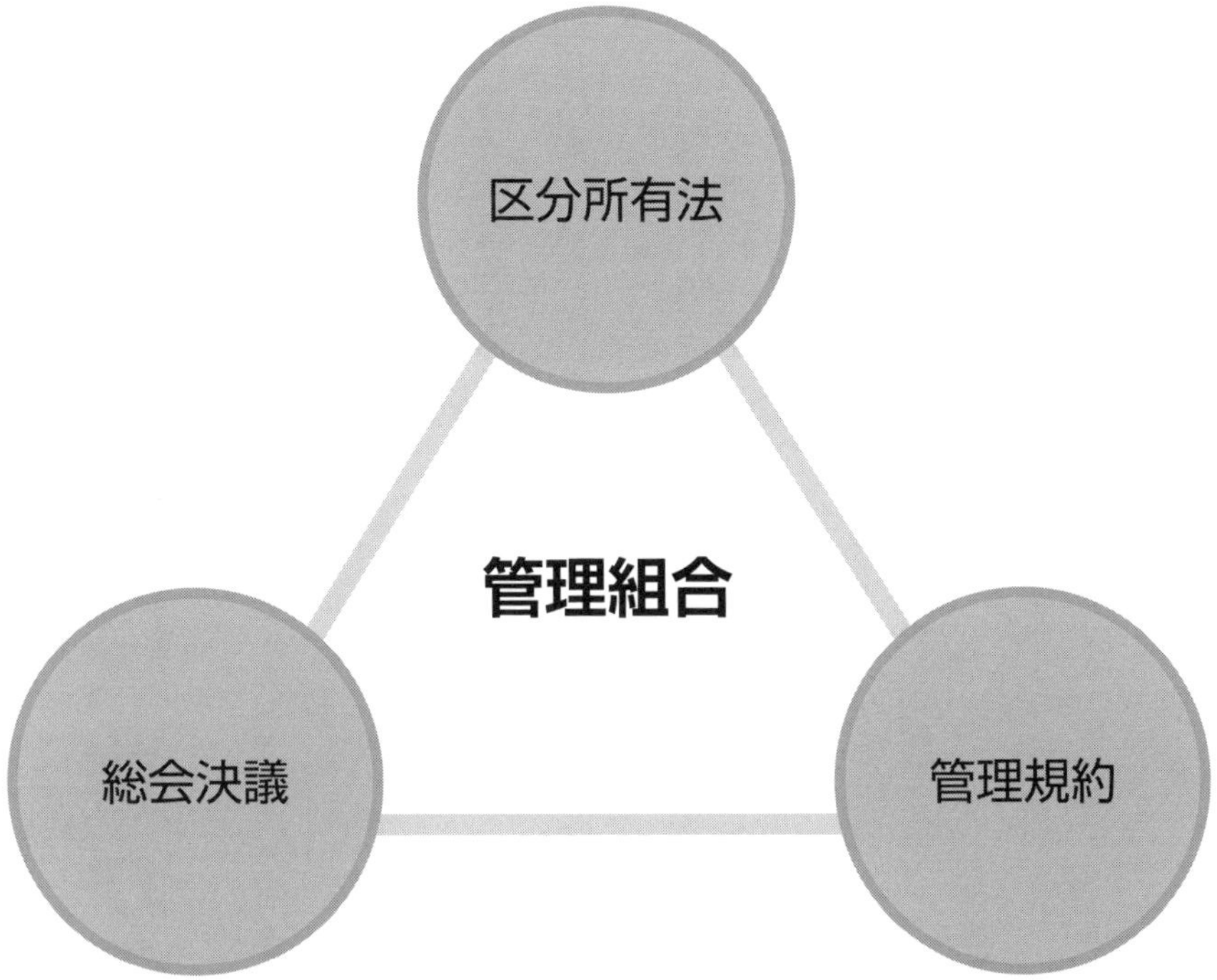
区分所有法
管理組合
総会決議
管理規約

管理組合	区分所有者全員で構成されるマンションの建物、敷地、附属物の管理を行う団体
区分所有法	民法の特別法で、分譲マンションの権利関係や管理についての基本的なルールを定める
総会決議	管理組合の最終的な意思決定の場。過半数での普通決議とより多くの賛成が必要な特別決議がある
管理規約	管理組合が定める管理についての自主的ルール。国土交通省が公表するひな型を参考にすることが多い

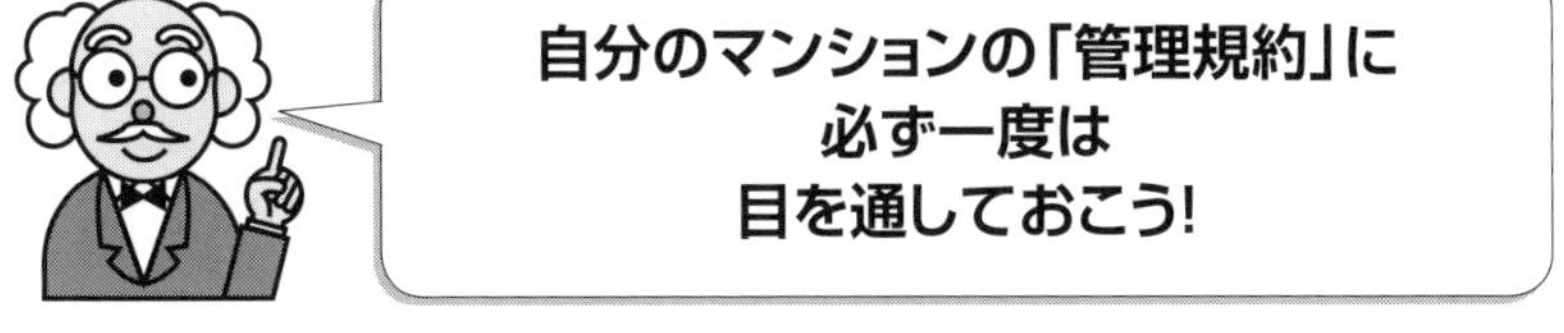
自分のマンションの「管理規約」に
必ず一度は
目を通しておこう!

Q10

管理組合では、誰が何をするの？

区分所有者をメンバーとして、意思決定の場である総会、業務執行を担当する理事会、理事会をサポートする専門委員会などがあります。

理事会は管理組合のエンジン役

区分所有法、組合総会、管理規約の3つにもとづいて管理組合は運営されているわけですが、これらはルールと方針を示すものであり、それを具体的に実行するには担当者や、担当組織が必要です。

そこで多くの分譲マンションでは、管理規約に則って「理事会」という組織を設け、理事会が管理組合のさまざまな業務を執り行う形をとります。つまり、理事会こそが管理組合の実行部隊であり、推進役、エンジン役だといえます。

理事会は総会で選出された「理事」によって構成され、組合総会で決議されたことや管理規約で認められた権限内のことを実行していきます。

理事の中で特に重要なのが「理事長」です。理事長は理事会の代表であり、管理規約によってさまざまな権限と責任があります。

例えば、理事会を招集・運営する、管理会社等と理事長名で契約を結ぶ、組合総会を招集して議長を務める、総会の議事録を作成する、管理費滞納者に対して理事長名で督促する、などです。

ただ、区分所有法には実は理事会や理事長についての規定はなく、「管理者」が管理組合の業務を遂行するとしています。そこで多くの分譲マンションでは、管理規約によって理事長が「管理者」になると規定し、区分所有法との整合性をとっています。

理事長の判断や行動はあくまで総会決議や管理規約、さらには理事会における決議（多数決）にもとづきます。決して独断で動けるわけではありませんが、理事長の発言力はやはり大きく、理事長こそが管理組合を引っ張っていくリーダーであることは間違いありません。

図表10　監事は理事会のメンバーではない点に注意

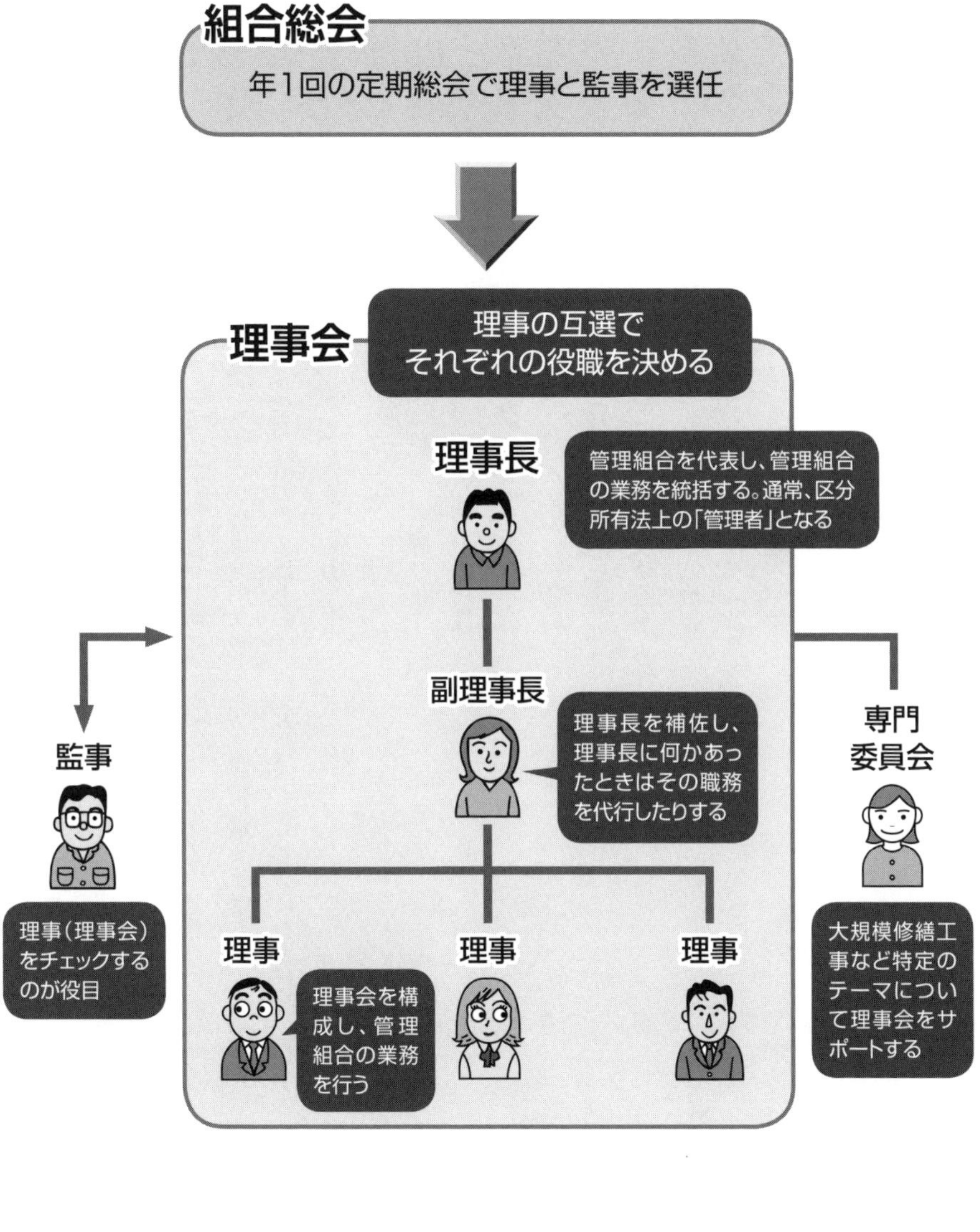
組合総会
年1回の定期総会で理事と監事を選任
理事会
理事の互選で
それぞれの役職を決める
理事長
管理組合を代表し、管理組合の業務を統括する。通常、区分所有法上の「管理者」となる
副理事長
理事長を補佐し、理事長に何かあったときはその職務を代行したりする
理事
理事
理事
理事会を構成し、管理組合の業務を行う
監事
理事（理事会）をチェックするのが役目
専門委員会
大規模修繕工事など特定のテーマについて理事会をサポートする

監事は理事会とは別の独立した存在

多くの分譲マンションでは理事会とは別に、管理規約にもとづき「監事」を置いています。「監事」は理事会からは独立した存在であり、理事や理事会の動きをチェックするのがその役目です。監事は理事会に出席して意見を述べたりしますが、理事会のメンバーではないので理事会の成立要件（通常、理事の半数以上の出席）の人数には入りませんし、理事会の議決に加わったりすることもできません。

とはいえ、理事と監事を合わせて、一般に「役員」と呼びます。年1回行われる組合総会で「役員」をまとめて選び、その後、役員どうしの話し合いで理事長、副理事長、会計などの担当理事のほか、監事を決めるケースが多いようです。

ただし、国土交通省が管理規約のひな型（目安）として作成・公表している「マンション標準管理規約」では、「理事及び監事は、組合員のうちから、総会で選任する」としています。これにならって管理規約を定めている分譲マンションにおいては、「理事」と「監事」は本来、総会において別々に選ぶ必要があり、注意が必要です。

専門委員会は理事会のサポート役

このほか、管理組合の組織としては、大規模修繕工事など管理組合として重要な課題について、理事会とは別に専門委員会を設けることがあります。

専門委員会は専門的な知識や経験を持った区分所有者などがメンバー（専門委員）となり、情報の収集や整理、一定の業務遂行などに当たります。ただし、専門委員会はあくまで理事会の下にある諮問組織（サポート役）であり、専門委員会だけの判断で何かを決めたり、それを実行したりすることはできません。

Q11

管理組合の理事や監事は、どうやって選ぶの？

最近は輪番制にするマンションが多いですが、自分から立候補するというのもあり、最終的には総会の承認で決まります。

年数が経つにつれて役員のなり手が不足

管理組合の理事と監事（役員）の任期は、管理規約によって定められています。そして、任期が満了する際の総会に次期候補者のリストが議案として提出され、賛成多数によって区分所有者の承認を得ます。

役員の人数も通常、管理規約で決めておきます。国土交通省の標準管理規約コメントでは「おおむね10～15戸につき1名選出するものとする」「員数の範囲は、最低3名程度、最高20名程度とし、○～○名という枠により定めることもできる」としています。

ただ、多くの分譲マンションでは、新築当初はまだしも、年数が経つにつれて役員のなり手を見つけるのが難しくなっていくことが多いようです。

区分所有者の多くは仕事があったり、家事があったりして忙しく、ボランティアである管理組合の役員を引き受けるのを重荷に感じるからでしょう。年数が経つにつれて区分所有者が高齢になり、体力や気力の面で引き受けるのが難しくなっていくということもあるでしょう。

その場合、同じ区分所有者が何年も役員を続けたり、繰り返し役員になるということが起こりえます。そういう状態について、特定の役員の独断専行につながるとか、区分所有者の間で管理に対する無関心が広がりやすいといった批判もあります。

しかし、本質的に重要なのは、管理組合、そして理事会の運営において、役員相互の間や監事などによるチェックが働いていることです。チェックがきちんと働いていればむしろ、経験豊富な区分所有者が役員を続けることは、実効性や継続性などの面ではプラスでもあります。

最近は資格要件を緩和する方向

そもそも、役員候補を選ぶにあたって問題になるのは、資格要件です。

国土交通省の「標準管理規約」では以前、「マンションに現に居住する組合員」であることを役員になる要件としていました。マンションを所有する区分所有者であっても、人に貸したりして住んでいなければこの要件を満たしません。

しかし、多くの分譲マンションでは役員のなり手を見つけるのに苦労しています。そこで、現在の「標準管理規約」では単に「組合員」とし、居住の有無は問わないように変更されています。そこで、「標準管理規約」に合わせて管理規約を見直す分譲マンションもあります。

また、役員は各住戸の所有者（区分所有者）であるのが条件ですが、理事会への出席については同居の親族などが代理で行うことを管理規約で認めるケースも増えているようです。

さらに、標準管理規約とセットになっている標準管理規約コメントでは、「マンション管理についての専門知識を有する外部の専門家を選ぶことも考えられる」とされており、役員の資格要件は次第に緩和される傾向にあると言えるでしょう。

輪番制で任期2年、半数改選がお勧め

役員候補の選出方法としては、図表11のように輪番制、立候補制、役員推薦制などがあります。それぞれ一長一短ありますが、実際には輪番制が多いようです。当初は立候補制や推薦制だった分譲マンションでも、次第に輪番制に移行したりします。

輪番制はなり手が少ない中では公平感があり、あらかじめいつ頃、順番が回ってくるかが分かるので心づもりしやすいというのもメリットです。もちろん、家族の病気や転勤などの事情によって、順番を変更することなどもあるでしょう。

なお、役員の任期は1年が一般的ですが、毎年全員が入れ替わると理事会での議論や検討事項の引継ぎが難しくなります。役員の任期は2年として1年ごとに半数を改選するのがお勧めです。ただし、そのためには管理規約の改定が必要になったりします。

図表11　管理組合の役員は、こう選ぶ

	輪番制	立候補制	役員推薦制
	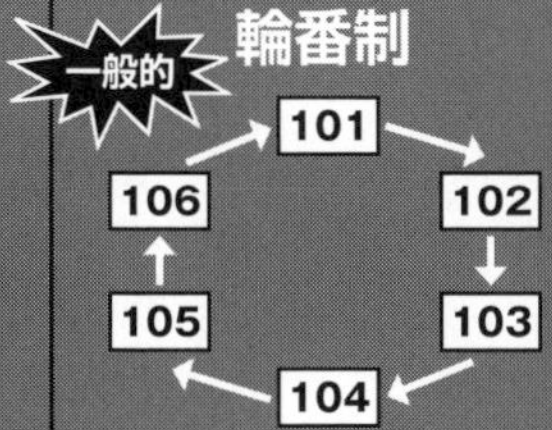		
概要	フロア（階）ごとなど全体をいくつかのグループに分け、その中から順に役員を選出する方法	候補者を公募し、立候補を募る方法	現在の役員や役員経験者が候補者に当たり、推薦する方法
メリット	順番に役員になるため公平である。多くの人が役員になることで、マンション全体で管理に対する理解や関心が深まりやすい	意欲のある人が役員になるので、管理組合の活動が活発に行われやすい	現在の役員や役員経験者が関わることで、管理組合の活動の継続性が担保されやすい
デメリット	毎年全役員が交代すると、管理組合の活動の継続性が維持されにくい。都合により辞退する人が増えると、特定の人に偏りがちになる	実際には立候補者が少なく、ほかの方法に切り替えざるを得なくなるケースが多い	実際には推薦者が見つからないことも少なくない
その他	都合により辞退するケースの扱いをどうするかが問題になりやすい	分譲当初は機能しても、いずれ難しくなる	現在の役員や役員経験者が、区分所有者に普段から働きかけるなどの地ならしが重要

輪番制が一般的だが、
立候補制や役員推薦制などを
組み合わせるのも効果的

Q12
管理組合の理事会では、どんなことを話し合うの？

マンションで起こるいろいろな問題をどうしたらいいか議論し、管理組合として「こうしよう」という方向を決めていきます。

定期的な報告・確認のほか、その時々の問題を議論

分譲マンションにおける管理の推進役、エンジン役が理事会だといいました。

理事会の集まりは、毎月1回程度のことが多いようですが、規模の小さなマンションでは2カ月に1回、何か大きな問題が発生すると月に3～4回ということもあります。

曜日や時間は理事どうし都合を聞いて決めますが、週末の土日がやはり多いようです。

理事会の基本的な運営方法は、管理規約で定められています。通常、理事長が招集し、理事の2分の1以上が出席することで成立します。例えば、理事が10名の理事会であれば5名、理事が5名の理事会であれば3名が出席することで成立します（監事は含まないので注意）。

理事会で議決する場合、通常は理事長を含め出席した理事の過半数の賛成で承認されます。5名出席していれば3名、3名出席していれば2名です（いずれも理事会が成立している上で）。

理事会での議題は、大きく3つに分けられます。

第一は、毎月の定期的な報告と確認です。業務を委託している管理会社の担当者（フロントマンなどと呼んだりします）から会計の状況や設備点検の結果などについて報告を受けます。これだけなら、30分程度で終わります。

第二は、総会決議で承認されたことや管理規約によって理事会の権限とされていることについてです。必要な情報を集め、議論した上で理事会として議決し、管理会社の担当者に指示したりします。

第三は、組合総会での議決が必要なことについてです。すなわち、総会決議ですでに承認されたことや管理規約によって理事会

図表12　理事会での議論が管理組合の方向を決める

テーマの例	具体的な内容
毎月の定期的な報告・確認	・会計の収支状況 ・滞納の有無と対応状況 ・設備などの点検状況 など
管理規約や総会決議によって理事会の権限とされていること	・リフォーム申請の承認または不承認 ・ルール違反者への注意 ・専門委員会の設置 ・管理費など滞納者に対する法的措置の行使 ・臨時総会の開催決議 など
重要 定期総会や臨時総会で議決する議案	・決算書、予算書、管理規約、使用細則、長期修繕計画などの素案作成 ・その他、組合総会に諮る議案の作成 など
不定期なもの	・区分所有者から管理組合に提出された質問や問い合わせ ・マンション内で最近、問題になっていること ・理事が日常生活で抱いた疑問や不満 ・管理組合として中長期的に取り組むべき課題 など

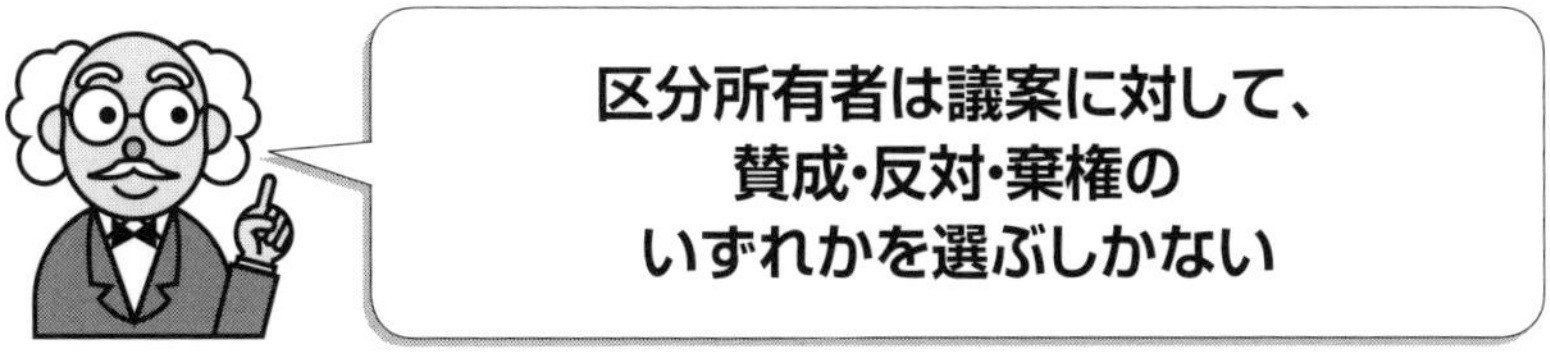
区分所有者は議案に対して、
賛成・反対・棄権の
いずれかを選ぶしかない

の権限とされていることを超えるような問題です。

事実関係を調べ、判断に必要な情報を集め、よく議論し、「こうすべきではないか」「こうしたほうがいいのではないか」という方向を決めるのが理事会の役割です。

理事会で話し合い決めたことは議案にまとめ、組合総会で賛否を問うことになりますが、その際には理由をきちんと説明すること（アカウンタビリティ）は必須です。

総会の議決案を用意するのは理事会の役割

この第三の役割はとても重要です。なぜなら、組合総会に諮る議案は基本的に、理事会しか用意できません。区分所有法によって、総会では事前に通知された議案に対して、区分所有者は賛成・反対・棄権のいずれかを選ぶしかなく、その結果で議案は承認または否決されます。

組合総会においては、意見交換などは自由ですが、その場で新しい議案をつくって決議するとか、複数の選択肢から一番多いものを選ぶ、といったことは基本的にできません。

それゆえ、理事会が用意する議案が非常に重要なのです。議案に不備があったり、まとめ方が下手だったりすると、決めるべきことが決まらなくなります。

理事会の中で十分議論することはもちろん、テーマによっては区分所有者向けの説明会を開いたり、アンケートを取ってその結果を報告したりして、区分所有者の意向を調べ、マンション全体で合意形成を図っていく必要があります。

Q13

「組合総会」では、どんなことを決めるの？

少なくとも年1回、管理組合の決算や予算などを承認したり、マンションの課題について管理組合として「こうする」という意思決定をします。

「組合総会」は管理組合の意思決定機関

管理組合の「組合総会」は、管理組合としての意思決定を行う場であり、区分所有法など法律で制限されていること以外、たいていのことは総会で決めることができます。

組合総会には「通常総会（定期総会）」と「臨時総会」の2つがあります。

毎年1回、定期的に開催されるのが「通常総会」です。管理規約においてはふつう、理事長（管理者）は少なくとも毎年1回、通常総会を招集しなければならないとされています。時期は、管理組合の新しい会計年度が始まってから2カ月以内ということが多いようです。

通常総会では、管理組合の過去1年間の決算や活動の報告、次の1年間の予算と活動予定、新しい役員候補などについて決議します。

一方、通常総会以外のタイミングで必要に応じて開催されるのが臨時総会です。臨時総会は理事会の決議により、いつでも理事長が招集することができますし、そのほか監事による招集や一定数の区分所有者の請求により招集することもできます。

総会の成立と議決の要件に注意

総会の運営については、いろいろ細かい手続きのルールがあり、それらを遵守することが非常に重要です。せっかく総会を開き、議決しても、手続き上のルール（特に区分所有法の強行規定）を満たしていないと法的には無効になってしまいます。

まず、総会の成立要件です。区分所有法には総会の成立要件の定めはありませんが、ふつうは管理規約で、区分所有者の半数以上の出席、あるいは議決権総数の半数以上を有する組合員の出席としています。

なお、「出席」には、総会の会場に足を運ぶだけでなく、事前に議決権行使書という書面で議案への賛否を通知したり、代理人を指定したり、議長である理事長に一任することも含まれます。

「議決権」とは総会での議決における権利のことで、マンション全体の総専有面積に対する各住戸の専有部分の床面積の割合とされます。したがって、広い住戸を所有している区分所有者、複数の住戸を所有している区分所有者はそれだけ多くの議決権を持つことになります。ただし、各住戸がほぼ同じ広さのマンションでは、「1戸につき1議決権」としていることもあります。

総会での議決には、「普通決議」と「特別決議」があります。

「普通決議」は通常、出席した区分所有者の議決権の過半数で可決となります。区分所有法では、区分所有者（人数）と議決権（専有面積の割合）のそれぞれ過半数で決する＝両方を満たすことが必要としていますが、管理規約で別の定めが可能であり、議決権の過半数のみとしているケースが一般的です。ただし、過半数なので賛成と反対が同数の場合は否決となります。

このように、「普通決議」は通常、出席している区分所有者の議決権の「過半数」で可決となり、総会の成立要件（区分所有者の半数以上が出席など）と合わせると、おおむね全体の4分の1の賛成でOKとなります。

可決のハードルがはるかに高い「特別決議」

「特別決議」は「普通決議」とは異なり、区分所有法に規定されているものに限られ、可決に必要な要件も区分所有法で決められています（強行規定）。

まず、規約の変更、敷地及び共用部分等の変更（形状または効用の著しい変更を伴うもの）などの場合、区分所有者及び議決権のそれぞれ4分の3以上で可決となります。「普通決議」のように出席した区分所有者の議決権だけを基準にするのに比べ、ハードルがはるかに高くなっています。

また、建物の建て替えや建物と敷地の一括売却などについては、区分所有者及び議決権のそれぞれ5分の4以上で可決となります。

「特別決議」については、「普通決議」の議案に比べて慎重に議案を作成し、また区分所有者へのアンケートや説明など事前の準備がより重要になります。

図表13　組合総会にはルールがある

招集の手続き	・総会は原則として理事長が招集する ・管理組合の業務の執行及び財産の状況について不正があると認めるとき、監事が臨時総会を招集できる ・組合員総数及び議決権総数の5分の1以上の同意を得て、目的を示して総会の招集を理事長に請求し、理事長が管理規約に定められた期間内に総会招集通知を発しない場合は、請求をした組合員が臨時総会を招集できる ・区分所有者に通知を郵送すると同時に、マンションのエントランスなど見やすい場所に招集状を掲示する
成立要件	・管理規約で総会の成立要件を「議決権総数の半数以上を有する組合員の出席」としているマンションが多い
決議する議案例	・前年度の収支決算及び事業報告 ・次年度の収支予算及び事業計画 ・管理会社との管理委託契約の締結、更新、解約 ・管理規約や使用細則の制定、変更、廃止（管理規約は特別決議が必要） ・長期修繕計画の作成、変更（5年ごとが一般的） ・修繕工事の実施と修繕積立金の取崩し ・敷地及び共用部分の管理に関わる行為やルール ・共同利益に反する行為の停止等の訴えの提起 ・建物の一部が滅失した場合の滅失した共用部分の復旧 ・建て替え（全体の5分の4以上の特別決議が必要） ・その他、管理組合の業務に関する重要事項
議事の進め方	・通常は理事長が議長を務め、議案ごとに質疑応答の後、決議をとる
議事録の作成・保管	・議長が議事録を作成し、議長のほか2名の署名人が署名する

組合総会では
管理組合としての重要な事柄を
多数決で決める

図表14　内容によって議決の割合が異なるので注意

区分	決議要件	決議事項
普通決議	出席した区分所有者の議決権の過半数（管理規約による）	・前年度の収支決算及び事業報告 ・次年度の収支予算及び事業計画 ・役員の選任、解任など ・共用部分の管理（管理会社との管理委託契約の締結、管理費などの改定） ・敷地および共用部分などの変更（形状又は効用の著しい変更を伴わないもの） ・建物の2分の1以下が滅失した場合の復旧 ・共用部分などの特別の管理のための資金の借入、修繕積立金の取崩し ・その他、管理組合の業務に関する重要事項　など
特別決議	組合員総数及び議決権総数の4分の3以上（区分所有法の強行規定）	・管理規約の変更 ・敷地及び共用部分などの変更（形状又は効用の著しい変更を伴うもの） ・建物の2分の1を超える部分が滅失した場合の復旧 ・義務違反者に対する訴えの提起 ・その他、総会において特別決議とした事項　など
	組合員総数及び議決権総数の5分の4以上（区分所有法の強行規定）	・建物の建て替え ・建物と敷地の一括売却　など

多くのテーマは過半数で可決。
重要なテーマは区分所有法により
より多くの賛成が必要だ

Q14 「管理規約」では、どんなことを決めておくの？

区分所有法にもとづきながら、管理組合の運営をスムーズに行うための自主ルールをいろいろ決めておきます。

管理規約は使用細則とセットで

管理組合としての意思決定は「組合総会」で行うとしても、そうしょっちゅう総会を開くわけにはいきません。管理組合をスムーズに運営していくには、一定のルールをあらかじめ決めておくのが合理的です。区分所有法でも、マンションの管理に関わる基本的な事項を「規定」として定めておくことができるとしています。これが通常、「管理規約」と呼ばれるものです。

管理規約で決めておく主な項目には次のようなものがあります。

1. 建物の専有部分と共用部分の範囲及び用法
2. 管理費用の負担及び使途
3. 管理組合の業務及び役員
4. 総会や理事会の運営方法
5. 会計、その他

区分所有法の規定が優先するもの（強行規定）を除けば、それぞれのマンションの実情に合わせて、管理規約はかなり自由に定めることができます。そして、管理規約をいったん定めると、その効力はすべての区分所有者や賃借人に及びます。後から引っ越してきたから認めない、といったことは通りません。もし、規約に違反した行為をする区分所有者や賃借人がいれば、管理組合は理事長名で差し止めや損害賠償などを裁判所に請求することができます。

こうしたことから、管理規約はそれぞれのマンションにとっての「憲法」などといわれるのです。

ただし、あまり細かいことまで管理規約に盛り込むと、逆に分かりにくく煩雑です。そこで、管理規約にもとづいて各種の「使用細則」を作成することがよく行われます。テーマとしては、ペットの飼育に関するもの、駐車場や駐輪場の運営に関するもの、

図表15　管理規約で定めている主な項目

項目	概要
専有部分と共用部分の範囲	区分所有法では専有部分と共用部分の境界を具体的に定めているわけではないので、管理規約で明確にしておく
専有部分の用途	専ら住民として使用する。暴力団事務所としての使用を禁止し、また民泊としての使用についても定める（多くは禁止）ことが増えている
専有部分の修繕等	室内のリフォームなどについて、共用部分やほかの専有部分に影響を与えるおそれがあるものについては、理事長に申請・書面承認を義務付ける
費用の負担	管理費、修繕積立金の使途などについて定める
管理組合の業務	管理組合として行う業務を定める。現在の「標準管理規約」では15項目を挙げている
管理組合の役員	役員の名称と人数を定める。また、役員候補になることのできる人の要件も定める
役員の業務	各役員の担当業務の内容を定める
総会の招集手続き	総会を招集する際の手続きを定める
総会の会議および議事	一般に、議決権総数の半数以上を有する組合員が出席し、出席組合員の議決権の過半数で決するとしている（通常決議）。なお、区分所有法で規定されている特別決議は区分所有法に従う（強行規定）
理事会の構成と運営方法	理事会は理事によって構成する。一般に、理事の半数以上が出席しなければ開催できず、議事は出席理事の過半数で決するとしている（判例上、委任状は認められない）
専門委員会の設置	特定のテーマについての専門員会の設置を定める

管理規約はマンションの憲法。
法律が変わったときなどには
必ず見直そう

リフォームに関するものなどがあり、管理規約と使用細則はセットで機能します。

「原始規約」はその後の管理に大きな影響

このように管理規約は重要なルールとして存在しますが、そもそも最初の管理規約（専門的には「原始規約」といいます）は誰が、どのようにして、決めたものなのでしょうか。

本来なら、理事会で議論して案を作成し、総会で決めるべきだと思われます。しかし、実際は新築分譲時に売主の不動産会社が作成した案に、購入者全員が書面で合意して成立しているのが一般的です（区分所有法による「書面決議」）。

場合によっては、新築マンションの引き渡し後、管理組合の設立総会を開き、そこで案を承認することもありますが、案はやはり売主である不動産会社が用意します。

そこで気になるのは、原始規約の中身です。最初に定められる原始規約はそのマンションにとっては「管理のデフォルト（初期設定）」となります。原始規約はその後、管理組合の総会で4分の3以上の特別決議で変更することは可能ですが、ペットの飼育、民泊への対応、修繕積立金の値上げなどでは、区分所有者の意見が割れかねません。

また、かつては屋内駐車場を専有部分にしたり（それを特定の区分所有者に分譲するため）、元の地主など特定の区分所有者の管理費等の負担を軽くしたりする規定を盛り込み、トラブルに発展したようなケースもありました。

区分所有法でもこの点について2002年の改正で、規約の設定にあたっては「区分所有者間の利害の衡平が図られるように定めなければならない」という規定が追加されました。売主である不動産会社の勝手を制限することなどが狙いです。

このように原始規約は非常に重要なのですが、多くの購入者（区分所有者）は分譲マンションの管理についてはほとんど素人であり、また新築分譲時は新しい住まいに引っ越すことで頭がいっぱいになっています。売主の不動産会社が用意した原始規約の案を詳しくチェックする人はそれほどいないでしょうし、チェックしたとしても、それぞれの購入者が売主と交渉して変更させるのは現実的ではありません。

とはいえ、原始規約はその後の管理に大きな影響を与えるのですから、分譲マンションの購入にあたっては判断材料のひとつとして事前に確認することをお勧めします。

また、入居後は管理組合として、必要に応じて改正を行うべきでしょう。

Q15

新築マンションで第1期の役員になったら、まず何をしたらいい？

分譲当初の管理組合がぜひ取り組みたいのが「アフターサービス」の徹底活用です。不具合を無償補修し、マンションを完成品にしましょう。

「アフターサービス」を使ってマンションを完成品に

分譲当初の新築マンションにおいて、管理規約（原始規約）の内容や管理費・修繕積立金の金額に注意すべきことを述べてきました。

いずれも、売主である不動産会社の都合によって、購入者（区分所有者）に不利な点があるかもしれないからです。

これらについては早い段階で管理組合で、具体的には理事会においてチェックし、議論したほうがいいと思います。

もうひとつ、分譲当初の理事会でぜひ取り組むことをお勧めしたいのが、「アフターサービス」の徹底活用です。

自動車や家電製品と同じように、新築マンションにも「アフターサービス」が付いています。

これは、引き渡しから一定期間内に建物や設備に不具合が見つかった場合、その原因や理由を特定できなくても、売主の不動産会社が無償で補修してくれるという契約です。

そもそもマンションなど建築物は、それぞれの現場での一品生産であり、屋外で人手による作業で造り上げていきます。工場生産される工業製品と比べ、明らかな欠陥というほどではないものの、本来の機能や性能が発揮されない不具合がそもそも起こりやすいのです。

また、分譲マンションは例年、年度末の3月に完成・引き渡し予定のケースが多く、工期が遅れていたりすると、納期優先のプレッシャーによって手抜きが起こるリスクが高まります。

分譲マンションはアフターサービスによる無償補修によって、不具合や施工ミス、手抜きを直すことで初めて完成品の状態になるということをよく理解しておきましょう。

図表16　新築マンションの建物・設備の完成プロセス

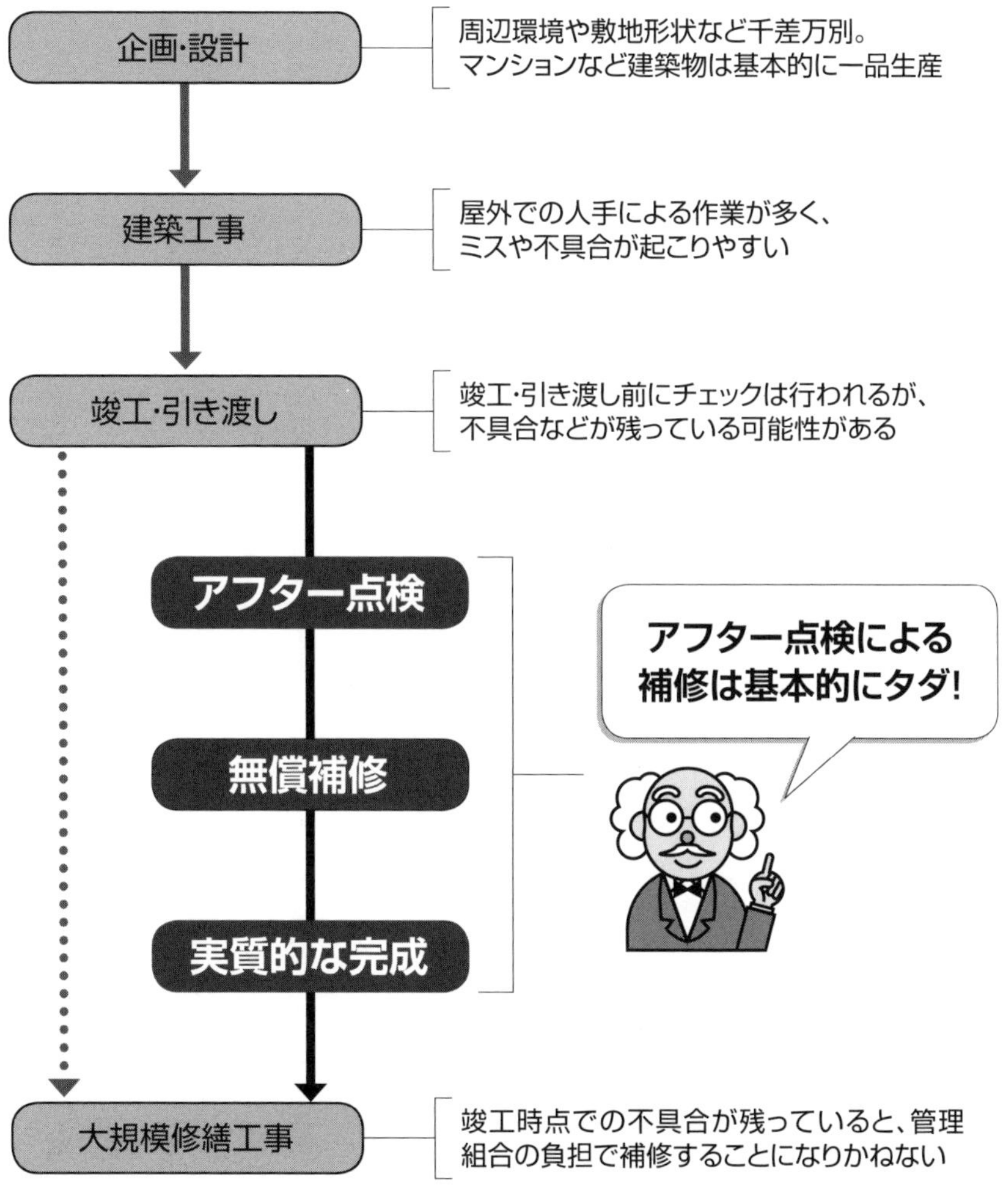
企画・設計
周辺環境や敷地形状など千差万別。
マンションなど建築物は基本的に一品生産
建築工事
屋外での人手による作業が多く、
ミスや不具合が起こりやすい
竣工・引き渡し
竣工・引き渡し前にチェックは行われるが、
不具合などが残っている可能性がある
アフター点検
無償補修
実質的な完成
アフター点検による
補修は基本的にタダ!
大規模修繕工事
竣工時点での不具合が残っていると、管理
組合の負担で補修することになりかねない

「内覧会」は室内の仕上げが対象

こういうと、「内覧会があるんじゃない？」と思う人もいるかもしれません。

「内覧会」とは、青田売り（建物の工事中に売買契約を結ぶこと）によって購入した新築マンションが完成し、買主に引き渡される前に、でき上がり具合をチェックする機会のことです。

しかし、「内覧会」でチェックするのは専有部分だけであり、住戸内のクロスなどの汚れやキズ、設備の設置状況などにとどまることがほとんどです。もちろんそうした点を直すことも必要ですが、マンションの将来的な価値や住み心地を大きく左右するのは共用部分なのに、共用部分のチェックはまず行われません。

そもそも購入者のみなさんは自分が買った住戸の室内のことだけで頭がいっぱい。共用部分まで気が回っていません。

こうして、ほとんどの購入者は分譲マンションにおける「アフターサービス」の重要性を見過ごしています。「内覧会」でのチェックで満足してしまうほか、「アフターサービス」と聞いても家電製品や自動車と同じ感覚で、「対象となるケースはそんなにないだろう」「もし、問題があれば売主がリコールするはず」となんとなく思っているのではないでしょうか。

「アフターサービス」は2年などの期限に注意！

家電製品や自動車のような工場での大量生産品ではリコール制度があり、不具合があればメーカーがリコールを行い、責任を持って修理を行います。

しかし、現場での一品生産で造られる分譲マンションでは、よほどひどい（誰にでも分かる）欠陥があった場合は別ですが、売主の不動産会社が「こんな不具合があったので直します」などと申し出ることはあまり聞きません。

「有名なデベロッパー、大手のデベロッパーはそんなことないだろう」と思われるかもしれませんが、横浜の傾斜マンションとして知られる事例では、住民側が不動産会社（それも大手財閥系）と粘り強く交渉してやっと相手が責任を認めました。

また、アフターサービスで重要なことは、消費者（購入者）の側が不具合や欠陥を指摘しなければならないということです。リコールでもきっかけは一部の消費者（購入者）の指摘であることが少なくありませんが、いったんリコールになれば広く同じ製品の購入者にも適用されます。しかし、マンションは一品生産であり、アフターサービスの適用を申し出た購入者（管理組合）しか対象にならないのです。

さらに、アフターサービスには適用期限があります。建物の部位や設備によって異なりますが、図表17のように新築引き渡しか

図表17 アフターサービスの保証期間は2年までの部位が多い

部位の例		不具合の例	期間
共用部分	屋根・屋上・外壁など	雨漏り	10年
	柱・梁・耐力壁	コンクリート躯体の亀裂・破損	10年
		モルタル面、タイル貼りなどの亀裂・浮き・はがれ	2年
	非耐力壁・擁壁	**コンクリート躯体の亀裂・破損**	2年
		モルタル面、タイル貼りなどの亀裂・浮き・はがれ	2年
	外部金物	**変形・破損・取付不良など**	2年
	機械式駐車場	**機能不良**	2年
	植栽	枯損(管理不十分によるものを除く)	1年
専有部分	内部の壁・床・天井	**クロスの浮き・はがれなど**	2年
	内部扉・造り付け家具	**変形・破損・作動不良・取付不良**	2年
	床のフローリング	**浮き・はがれ・へこみ**	2年
	キッチン	**設備の漏水・作動不良・取付不良**	2年
	浴室	**浴槽、シャワーの破損・作動不良・取付不良**	2年
		ユニットバスの漏水	5年
	給排気	**ダクト、換気扇、換気口などの取付不良・作動不良**	2年
	給排水	**給水管、排水管、給水栓などの漏水・取付不良**	2年
	電気関係	**分電盤、配線、スイッチ、照明基部、インターホンなどの取付不良・機能不良**	2年

※参考:不動産協会資料。

アフターサービスの期間は
ほとんどの部位で2年。
1期目の役員の責任は重大だ!

ら2年間という部位が多く、最も長い建物の構造体（鉄筋コンクリートでできた柱、梁、床スラブ、壁など）でも10年です。

こうした期間内に不具合や欠陥を指摘し、アフターサービスによって無料補修してもらうかどうかで、建物や設備の劣化具合、管理組合の資金計画、さらにはマンションの資産価値も左右されるといって過言ではないでしょう。

第3章

分譲マンションで起こる管理トラブルの傾向と対策

Q16 分譲マンションの管理トラブルには、どんなものがあるの？

騒音、ペット、違法駐車が3大生活トラブル。ほかにも、お金をめぐる犯罪、建物や設備の不具合、管理組合の運営不全などがあります。

トラブルを解決するのも管理組合の重要な役割

マンションでは建物に複数の世帯が暮らしており、いろいろな生活トラブルが起こります。そうしたトラブルを解決し、また事前に防ぐための方策を講じることも管理組合の大事な役目です。

平成30年度の『マンション総合調査』（国土交通省）を見ると、マンションのトラブルの項目で最も多いのが「居住者間の行為、マナーをめぐるもの」（55・9％）。その内訳では「生活音」「違法駐車」「ペット飼育」の3つが上位を占めます。

こうした生活トラブルを解決するには、理事会が中心になって当事者に警告したり、マンション全体に注意喚起をしたり、場合によっては法的手段を講じることが必要になります。

分譲マンションでは、こうした生活関連のほかにも、実はさまざまなトラブルが発生しています。

ひとつは、資金面のトラブルです。規模の大きなマンションになると年間数千万円から億を超えるお金が動き、そのお金をめぐって横領や詐欺、窃盗などの犯罪がいまだに起こっています。また、管理費や修繕積立金の滞納は築年数が経つにつれて増える傾向にあります。

ハード面のトラブル（建物の不具合など）もあります。マンションの建物はそれぞれの敷地において、ほとんど人手による一品生産でつくられます。工場生産の自動車や家電製品と違い、細かな不具合やミスが付きものです。それを売主によるアフターサービスによって無償補修することで、分譲マンションは完成品になります。分譲後の早い段階で、特に共用部分の不具合やミスを見つけ、売主と交渉しながら補修することは、その後の大規模修繕のコストやマンションの寿命にも関わってきます。こうしたトラブルを解決することも、管理組合の重要な役割といえるでしょう。

図表18　マンション内でのトラブルで一番多いのは、生活音！

トラブルの発生状況（項目）　重複回答

1	居住者間の行為、マナーをめぐるもの	55.9%
2	建物の不具合に係るもの	31.0%
3	費用負担に係るもの	28.0%
4	管理組合の運営に係るもの	13.1%
5	近隣関係に係るもの	12.8%
6	管理規約に係るもの	8.0%
7	マンション管理業者に係るもの	1.9%
8	その他	9.7%
	特にトラブルは発生していない	26.9%

「居住者間の行為、マナーをめぐるもの」の内訳　重複回答

1	生活音	34.3%
2	違法駐車	24.7%
3	ペット飼育	22.7%
4	共用廊下などへの私物の放置	18.4%
5	違法駐輪	15.4%
6	バルコニーの使用方法	13.1%
7	専有部分の修繕など	5.9%

※国土交通省「平成30年度マンション総合調査」。

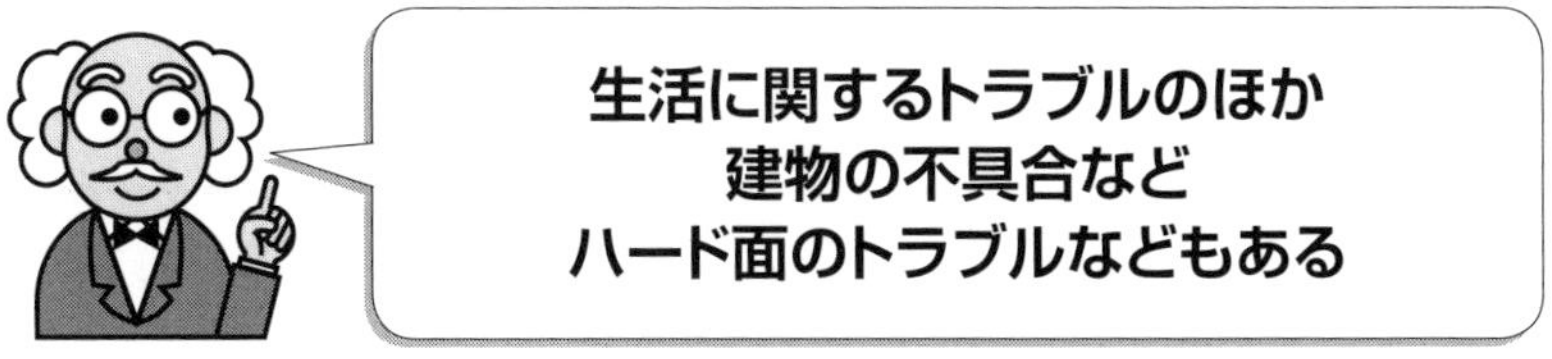
生活に関するトラブルのほか
建物の不具合など
ハード面のトラブルなどもある

Q17

最近、外国人の出入りを見かけるけど、民泊をやっているのかな？

管理規約を変更して民泊を禁止にしているマンションが増えています。守らない人がいたら、手順を踏んで早めに対応しないといけません。

従来の管理規約だけでは不十分

分譲マンションにおける生活面のトラブルで近年、注目を集めているのが「民泊」です。

「民泊」とは、戸建て住宅の一部や全部、マンションやアパートの一室などを他人に有償で貸し出すことを指します。

当初はいくつかの自治体で認められ、2018年6月からは住宅宿泊事業法（民泊新法）により全国で可能になりました。

分譲マンションでも、各住戸（専有部分）を民泊施設として貸し出すことは原則的に可能です。しかし、外国人に限らず分譲マンションに不特定多数の人が出入りすることは、生活環境の悪化やセキュリティの問題につながる可能性があります。

従来から多くの管理組合では管理規約において、専有部分は「専ら住宅として使用するものとし、他の用途に供してはならない」としています。

問題は「他の用途」に民泊が含まれるかどうかです。政府はこの規定だけでは民泊禁止には不十分という見解を出しており、国土交通省では管理規約のモデルである「マンション標準管理規約」で、民泊を可能とする場合、禁止する場合、それぞれの規定例を示しています。これを参考に管理規約を改正し、住宅宿泊事業法による民泊を全面禁止としている管理組合が多いようです。

民泊を行うには自治体（保健所）への届出が必要とされており、その際、「管理規約違反の不存在の確認」が求められます。それゆえ、管理規約に民泊禁止を明記することが重要なのです。

もし、管理規約で民泊禁止を明記しているにもかかわらず、民泊を行っている区分所有者がいる場合は、管理組合として自治体（保健所）に連絡して指導を求めたり、さらに民泊の停止を求める裁判を起こしたりすることが考えられます。

図表19 「マンション標準管理規約」における民泊関連の規定例

【民泊を禁止する場合】

（専有部分の用途）

第12条 区分所有者は、その専有部分を専ら住宅として使用するものとし、他の用途に供してはならない。

2 区分所有者は、その専有部分を住宅宿泊事業法第3条第1項の届出を行って営む同法第2条第3項の**住宅宿泊事業に使用してはならない。** NG

【民泊を可能とする場合】

（専有部分の用途）

第12条 区分所有者は、その専有部分を専ら住宅として使用するものとし、他の用途に供してはならない。

2 区分所有者は、その専有部分を住宅宿泊事業法第3条第1項の届出を行って営む同法第2条第3項の**住宅宿泊事業に使用することができる。** OK

※なお、国土交通省の「マンション標準管理規約コメント」では、マンションによっては一定の態様の住宅宿泊事業のみを可能とすることも考えられるとし、一例として住宅宿泊事業者が同じマンション内に居住している住民である等のいわゆる「家主居住型」や、さらに家主居住型のうち住宅宿泊事業者が自己の生活の本拠としている専有部分において宿泊させる「家主同居型」に限り可能とするケースも考えられる、としている。

民泊を防ぐには
管理規約を改正し
明確に禁止とすべきだ

Q18

ペット禁止なのに飼っている人が増えている。どうしたらいい？

管理組合としてきちんと議論すべきです。認める場合は種類や大きさ、頭数、飼い方などについてルールを整えることが大事です。

管理規約で明記しているなら、禁止可能

昔から分譲マンションの生活トラブルで多いのが、ペットをめぐる問題です。

以前はペットの飼育を管理規約で禁止するのが一般的だったと思いますが、少子高齢化や核家族化が進む中、近年は逆にペットの飼育を分譲当初から認めるケースのほうが多いようです。

もし、管理規約でペットの飼育が禁止されているのであれば、管理組合としてペットを飼育している人に対し、たとえ室内で飼っているだけで他人に迷惑をかけていないとしても、禁止を求めることは可能です。ペットについての規定がなく、後から管理規約で禁止した場合でも、すでにペットを飼っている人の承諾を特に得なくても、管理規約は、禁止を認めた判例もあります。

一方、管理規約は、総会において区分所有者及び議決権の4分の3以上の賛成で改正することができます。ペットの飼育をもともと禁止していたとしても、ペットを飼う人が増えているような場合、管理規約を改正してペットの飼育を認めるというやり方もあるでしょう。

飼育のためのきめ細かいルールこそ重要

そもそもペットの飼育はどちらが良い、悪いという問題ではなく、管理組合としてどうするか議論し、決めるしかありません。社会の流れからは、ペットの飼育を認める方向にあるでしょう。

大事なことは、ペットを飼う人と飼わない人がお互い気持ちよく一緒に暮らせる環境をつくり、維持することです。そのためには、種類、頭数、飼い方などきめ細かいルール（ペット飼育細則）を定めることが重要になってきます。

図表20　ペットについてのルール（ペット飼育細則）の例

項目	具体例
飼育できる動物の種類や数	・飼育できる動物はひとつの専有部分につき **2頭(匹)まで** とする ・犬及び猫は、**体長が●cm以内、体重がおおよそ●kg以内** とする ・観賞用の小鳥、観賞用魚類及び小動物(うさぎ、りす、ハムスター等)については別途定める ・危険動物、猛獣猛禽類、毒を持つ動物は禁止とする　など
管理組合への届出	・動物の飼育を開始しようとする場合、**事前に申請書** を理事長に提出し、許可を得なければならない ・理事長は承認または不承認を決定した場合、遅滞なく書面により通知する　など
飼育方法	・ペットの飼育は専有部分のみとし、廊下、エレベーター、エントランス、バルコニー、専用庭等の共用部分等に出してはならない ・法令等によって定められた予防注射、登録を確実に行う ・共用部分で餌や水を与えたり、排泄をさせたりしない。万一、排泄行為があった場合は、速やかに処置する ・**専有部分からペットを外へ連れ出す際、共用部分等ではカゴに入れるか抱きかかえる** ・ペットの鳴き声、体毛、臭い等で居住者、近隣住民に迷惑をかけない ・**専有部分でのペットの体毛や羽の手入れ、カゴの清掃、汚物処理等を行う場合は必ず窓を閉め、体毛や羽の飛散を防止する**　など
違反者に対する措置	・飼育者が細則や指示等に従わない場合、理事長はその動物の飼育を禁止することができる ・動物の飼育を禁止された者は新たな飼い主を探す等、速やかに適切な措置をとらなければならない　など
その他	・飼育者は管理組合が発行するステッカーを玄関に貼り、動物を飼育していることを明示する ・**飼育者は年1回、定期的に最新の飼育動物の写真を理事長に提出する** ・飼育者は1頭(匹)あたり月●円の負担金を管理組合に納める　など

なるべく細かく具体的にする

ペットの飼育を認める場合も
ペット飼育細則で
細かいルールを定めておくことが重要

Q19

共用廊下やバルコニーに私物を置いている人がいるけどいいの？

共用廊下やバルコニーは共用部分なので、私物を勝手に置いてはいけません。管理組合として注意や警告など、早めに対応すべきです。

火災の際の避難経路としても重要

分譲マンションの共用廊下や階段は「共用部分」であり、勝手に私物を置いておくことは区分所有法などに違反し、管理規約でも禁止されているはずです。

ベランダやバルコニーも同じく「共用部分」です。通常、それぞれの住戸の区分所有者や賃借人だけが利用できる権利（「専用使用権」）が設定されていますが、私物を置きっぱなしにすることは禁止です。

ところが実際には、子供用自転車、ベビーカー、傘立て、スペアタイヤなどが置きっぱなしになっているのを見かけることがあります。最初は誰かが「少しだけならいいか」と始め、他の人も「それなら、うちも」と真似をするのでしょう。ルール違反を放っておくとどんどん広がる典型例です。管理組合として早めに注意や警告を行い、ルール違反が広がらないよう対策をとるべきです。

資産価値という点からみても、共用廊下などに私物が放置されている分譲マンションは管理がよくないというイメージをもたれ、中古市場で買い手が敬遠してマイナスです。

消防用設備などの点検で、消防署から私物を撤去するよう指摘されることもあります。共用廊下や階段、バルコニーなどは、火災などの際の避難経路になるからです。

例えばバルコニーには、隣戸との間に「隔て板」と呼ばれるボードがありますが、火災などの際にはこれを蹴破って隣のバルコニーへ逃げるのです。また、「避難ハッチ」といって、折り畳み式のハシゴで下の階のバルコニーへ降りる避難器具が設置されている住戸もあります。

こうした避難通路を私物が妨害している状況は、法的な問題はもちろん、人命に関わるので厳しく対応すべきです。

図表21　共用廊下やバルコニーに私物を置くのはルール違反

共用廊下に 自転車やベビーカーを置く	➡	通行の妨げになり、 美観の点でも 問題がある
バルコニーの隔て板の横に スペアタイヤや物を 放置する	➡	隔て板は 火災などの際、 蹴破って避難する 経路になる
バルコニーの避難ハシゴの上に 鉢植えなどを置く	➡	避難ハシゴは 火災などの際、 上階から下階への 避難経路になる

マナーとしての問題だけではなく
火災などの際
避難の邪魔にもなりかねない

Q20

管理費などの滞納者がいたらどうするの？

一般に築年数が経つにつれて滞納者が増えます。管理会社と連携して督促するなど、早め早めに解決することがとても重要です。

5年で消滅時効にかかるので注意

平成30年度の『マンション総合調査』（国土交通省）によると、管理費・修繕積立金を3カ月以上滞納している住戸がある管理組合は24・8％、6カ月以上は15・2％、1年以上は16・4％にのぼります。滞納者がいれば区分所有者の間で不公平が生じ、管理レベルの低下につながる可能性もあります。

管理組合（理事会）としては、毎月の管理費等の収納状況を管理会社から報告してもらい、滞納があればすぐ、管理会社を通じて書面や電話・訪問などによって連絡をとり、督促を行います。

管理会社がどれくらいの期間、どのような形で督促などを行うかは契約（管理委託契約）によりますが、最近は期限を定めず対応してくれるケースが増えています。

ただ、管理会社から督促しても、滞納が解消できるとは限りません。注意しなければならないのは、管理費や修繕積立金の滞納は民法上、5年で消滅時効にかかることです。

これを避けるにはいくつか方法があり、例えば滞納者が一部でも支払えば「承認」により時効は中断します。とはいえ、中断後、時効は再び進行し、なかなか支払ってもらえない場合は内容証明郵便によって支払いを求める「催告」に移行するのが一般的です。

そして、「催告」を行っても支払いがなければ、6カ月以内に「訴訟」を起こします。「催告」は6カ月以内に訴訟を起こさないと時効中断の効果がないからです。滞納額が60万円以下なら、審理が1日で結審する「少額訴訟」を起こすこともできます。

最終的には裁判所から確定判決を得て、強制執行により滞納者の財産を差し押さえ、競売により回収することになります。

ちなみに、訴訟などの法的措置は管理規約により、通常は理事会の決議で実行できます。

図表22　管理費・修繕積立金の滞納に対する手続きの流れ

毎月、管理会社より
滞納の発生、回収について報告を受ける

1カ月目

滞納者には、管理会社から督促してもらう。
最初は文書で行い、
連絡がとれなければ電話や訪問も行う

滞納の一部でも支払ってもらえれば、民法上の「承認」として時効は中断する（ただし、その後また時効が進行する）

（主に管理会社に行ってもらう）

注意

6カ月目

管理費・修繕積立金の滞納は5年で消滅時効にかかる
これを避けるため、
内容証明郵便で支払いを求める「催告」を行う

1年目

「催告」の後、6カ月以内に「訴訟」を起こす。
滞納額が60万円以下であれば
「少額訴訟」を起こす

確定判決を得て、
強制執行により滞納者の財産を差し押さえ、
競売により回収する

（法的手続きについては理事会で決議し、弁護士等に依頼する）

滞納はとにかく
早め早めの対応が重要。
時間が経つほど面倒になる

Q21 管理組合の資金をめぐる犯罪は、いまもあるの？

管理会社の関係者によるケースと管理組合の役員によるケースがあり、いまでもあちこちで起こっています。防ぐには基本を徹底することが大事です。

犯人は管理会社と管理組合のどちらか

分譲マンションの管理組合の年間予算は、小規模なところでも数百万円、大規模なところになれば億単位になることもあり、この資金をめぐってさまざまな犯罪が発生しています。

犯人は、大きく管理会社の担当者や管理員と管理組合の役員に分かれますが、いずれも管理組合の通帳と印鑑を使って資金を勝手に引き出し、着服するケースが典型的です。

ほかにも、建築コンサルタントが不当に高い修繕工事を特定の工事会社に発注するよう管理組合に提案してバックマージンを受け取ったり、管理組合の役員が割高な物品を自身が経営する会社から購入させ管理組合に損失を与えるといったケースもあります。

区分所有者全員の大切な資産である管理組合の資金が、こうした犯罪（あるいは犯罪的な）行為で減ってしまうことは、マンションの資産価値を下げることにつながりかねません。

通帳と印鑑は別々に管理

これを防ぐには当たり前のことを当たり前にやるしかありません。まず、管理費や修繕積立金それぞれの口座の通帳と印鑑は、理事長と管理会社、あるいは管理組合が保管する場合は理事長と会計担当理事など、必ず別々に保管すべきです。

また、年1回の決算では、銀行口座の残高証明書や各種支払いの領収書などを原本で確認するようにします。そして、多額の支出をともなう工事などでは相見積りをとって金額の妥当性をチェックしたりすることも重要でしょう。

いずれにしろ、お金をめぐるトラブルはいつ起こってもおかしくないという意識を区分所有者全員が持っておくことが欠かせません。

図表23　管理組合の資金をめぐる犯罪を防ぐポイント

ポイント1 口座の通帳と印鑑を同じ人物が保管しない（必ず別々に保管する）

ポイント2 同一人物が長期にわたって資金の管理を担当しない

ポイント3 こまめに口座の残高や入出金の状況、請求書や領収書を原本でチェックする

ポイント4 現金での出納をなるべくやめ、口座振替などで処理する

ポイント5 いつ、どのマンションでも資金のトラブルが起こると考え、関係者が緊張感を持つ

当たり前のことばかりだけど、
資金は
徹底管理が大切

Q22 駐車場の空きが増えているけど、どうしたらいい？

駐車場の空きが増えるとその分、収入が減るので管理組合の会計が圧迫されます。管理会社に相談したりしながら、いろいろ選択肢を探りましょう。

空きが増えると管理組合の収入が減る

分譲マンションにおける駐車場の問題といえば、以前は敷地内での不法駐車がほとんどでした。ところが最近は、空きが増えて困っている管理組合が増えています。駐車場の空きが増えると当然、管理組合として駐車場の使用料収入が減るのです。

駐車場の使用料収入はそのままプールされるのではなく、多くの管理組合では一部を管理費会計に組み入れ、その分、毎月の管理費を抑えるようにしています。そのため、空きが増えると管理費会計が赤字になるケースも出てきます。

さらに問題なのは、機械式駐車場です。機械式駐車場は定期的なメンテナンスが必要であり、また十数年から20年程度をめどに部品交換や鉄部塗装などの補修工事に多額の費用がかかります。

本来、その分の費用は駐車場使用料を積み立てて準備しておくべきなのですが、いま述べたように一部を管理費会計に組み入れているケースが多く、それに加えて空きが増えると補修工事等の費用が大幅に不足しがちです。

対策としてまず考えられるのは、外部の駐車場を利用している区分所有者に戻ってもらうことです。アンケート等で外部の駐車場を利用している人数、料金、車のサイズなどを確認し、駐車場使用料を値下げしたり、大型車でも入る区画を設けたりすることを検討します。多少値下げしたり、大型車が入るよう改修費用をかけても、利用区画数が増えれば全体として収支が改善する可能性があるので、管理会社に相談して試算してみましょう。

また、機械式駐車場はメンテナンス等で継続的にコストがかかるので、台数を減らすのも一案です。一部を撤去して埋め戻したり、覆いをして平置き駐車場に変更するのです。空いている分をバイク置き場や駐輪場に変更するという方法も考えられます。

図表24　分譲マンションにおける空き駐車場対策の例

対策の例	概要
機械式駐車場を一部撤去（自走式への変更など）	メンテナンス費用がかかる駐車装置を一部撤去。埋め戻したりして、出し入れのしやすい自走式駐車場とし、利便性を改善。外部の駐車場を利用している区分所有者を呼び戻す
機械式駐車場の高さ制限の改修工事	大型車が停められるように駐車装置の一部を改修。外部の駐車場を利用しているSUV車の保有者を呼び戻す
カーシェアリングの導入	車を所有するほどではないが、必要なときには利用したいという区分所有者がいる場合、カーシェアリングを導入し、駐車場の一部を活用する
バイク置き場や駐輪場への変更	バイク置き場がない場合、機械式駐車場の一部を改修し、バイクを置けるようにする。駐輪場が不足している場合も同じように駐輪場に変更する
外部への貸し出し	駐車場の空き区画を外部の利用者やコインパーキング業者、あるいはサブリース業者に貸し出す。ただし、外部への貸し出しによる収入は課税対象となる

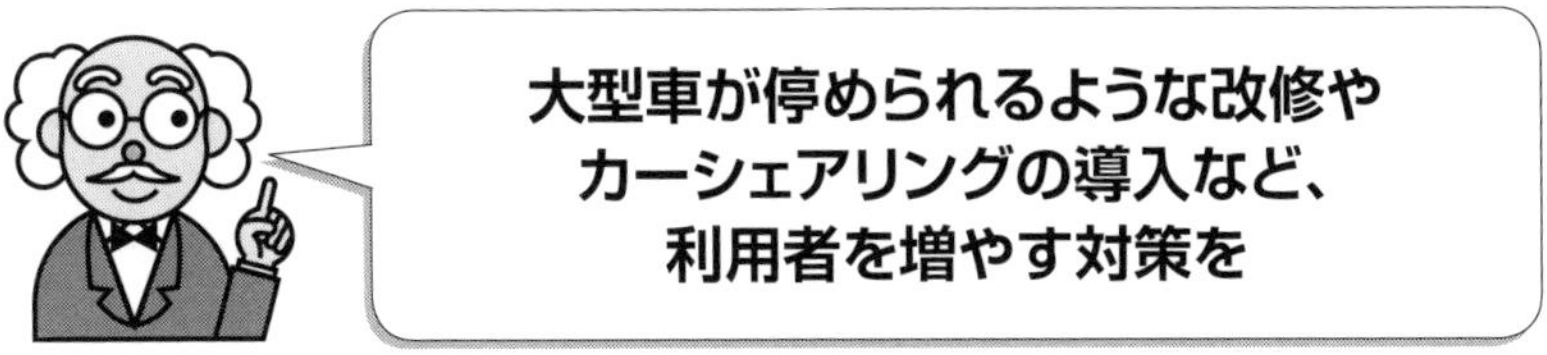
大型車が停められるような改修や
カーシェアリングの導入など、
利用者を増やす対策を

Q23 役員のなり手がなかなか見つからない。どうしたらいい？

資格を緩和したり、役員報酬を設けたり、輪番の辞退者に協力金を求めたり、いろいろな対策を組み合わせていきましょう。

報酬制度の導入も検討する

分譲マンションにおける管理トラブルというと語弊がありますが、管理組合の役員のなり手不足も深刻になってきています。

若い世代の区分所有者は仕事や家事、育児で忙しく、また高齢になると身体の不調や病気がちになることもあります。そもそも管理組合の役員はボランティアであり、管理の重要性に対する理解と認識がないと、なかなか積極的に関わろうという気にならないということもあるでしょう。

役員のなり手が少なくなると、特定の人ばかりに組合運営の負担がかかり、例えば毎回、理事会への出席者が不足し、理事会が機能しないといった事態にもなりかねません。

国土交通省が作成・公表している「マンション標準管理規約」は2011年、外部に居住している区分所有者でも役員になれるよう、資格要件を緩和するよう改正しています。こうした役員の資格要件の緩和はひとつの方策でしょう。

管理規約で定められている役員の定数を減らすことも考えられます。役員の定数を減らせば、輪番で役員が回ってくる年数が延び、理事会の出席定数が下がって流会のリスクも減ります。

こうした対策と同時に検討したいのが、役員の負担をカバーする報酬制度の導入です。管理組合の役員はボランティアですが、プライベートの時間を割いてマンション全体のために活動するのですから、これからは役員報酬が当たり前になっていくのではないでしょうか。また、輪番制でありながら役員を辞退する区分所有者から、協力金を徴収するという方法もあります。

こうした対策とともに、管理組合に関心を持ってもらうことも大切です。避難訓練や季節ごとのイベントなどを行い、住民同士の交流を深めたりする工夫も欠かせないでしょう。

図表25　役員のなり手不足に対する対策例と注意点

対策例	概要	注意点
役員の資格要件の緩和	マンション内に居住する区分所有者に限定している資格要件を緩和し、外部居住の区分所有者や区分所有者の同居家族も役員になれるようにする	管理規約の改正が必要。どこまで緩和すれば効果的か、資格要件を緩和しても役員のなり手が必ずしも増えるとは限らない
役員の定数の削減	役員の定数を減らすことで、輪番で役員の順番が回ってくる年数を延ばし、また理事会の成立に必要な出席定数も下げられる（流会リスクの軽減）	管理規約の改正が必要。役員が固定されたり、特定の区分所有者により負担がかかる可能性も
役員報酬の支払い	管理組合の役員はボランティアが基本だが、時間や労力の負担をカバーするため、役職に応じた報酬を支払うようにする	管理規約の改正が必要。どれくらいの金額が妥当か、判断が難しい
役員辞退者からの協力金の徴収	輪番での役員就任を辞退する区分所有者から、協力金を徴収する	管理規約の改正が必要。どれくらいの金額が妥当か、判断が難しい
外部専門家の役員就任	マンション管理士や弁護士など、外部の専門家を役員とし、管理組合の運営を任せる	管理規約の改正が必要。人材をどう探すのか、報酬やチェックの仕組みをどうするのかなど、判断材料が現状では少ない
各種イベントの実施	近年、自然災害が多発しており、避難訓練はぜひ行うべきである。そのほか、夏祭り、クリスマスなどを通じて住民同士の交流を深める	イベントの準備などには管理会社の支援を求める

管理規約を改正すれば、
同居している家族なども
役員になれる

Q24

駐輪場がいっぱい。違法駐輪も目立つけど、どうしたらいい？

日頃からシールなどで管理するほか、放置自転車は定期的にチェックして整理しましょう。また、駐車台数を増やせないか検討してみるのもよいと思います。

1住戸に1台では少なすぎる

駐車場に空きが増えているのと対照的に、マンションでは駐輪場がいっぱいになり、敷地内に自転車が勝手に停められているといったケースが増えています。

原因としてはそもそも、新築マンションを分譲する不動産会社が企画段階で、1住戸につき1台といった設計にしているからです。オシャレなエントランスホールなどと違って、駐輪場を多くとっても販売のセールスポイントにはなりにくく、あまり重視していないからでしょう。

しかし、買い物用や子供用だけでなく、サイクリングを楽しむため自転車を保有する世帯も増えています。また、使いやすさから人気の電動アシスト式自転車は、重量と幅があり駐輪スペースをとるといったことも影響していると思います。

対応策のひとつは、放置自転車を定期的に整理することです。多くのマンションでは、居住者にステッカーを配布し、それを自転車に貼ることで管理しています。毎年、色を変えるなどして、放置自転車を把握し、一定期間の警告の後、処理します。こうした手続きは管理会社がサポートしてくれます。

もうひとつは、駐輪場の台数を増やすことです。もとが平置き式の駐輪場であれば、上下二段式にすることで台数を増やせます。機械式駐車場の空きが目立つのであれば、一部のパレット（台）を自転車用に転用することも考えられます。

そのほか、レンタサイクルを導入するという選択肢もあります。

駐輪場や敷地内に自転車が乱雑に置かれているような状況は、マンションの資産価値にも悪影響を及ぼしかねません。悪化する前に、早めの対応を心がけましょう。

図表26　違法駐輪の原因と対応策の例

●原因

- 新築マンションの企画段階での台数が少ない（1住戸1台など）
- 買い物用、子供用、サイクリング用など自転車を持つ世帯が増えている
- 使いやすさで人気の電動アシスト式自転車は重量と幅がある

など

↓

●対応策

- ステッカーでの管理などで放置自転車を定期的に整理する
- 上下二段式にしたり、機械式駐車場の転用などで駐輪場の台数を増やす
- レンタサイクルを導入する

など

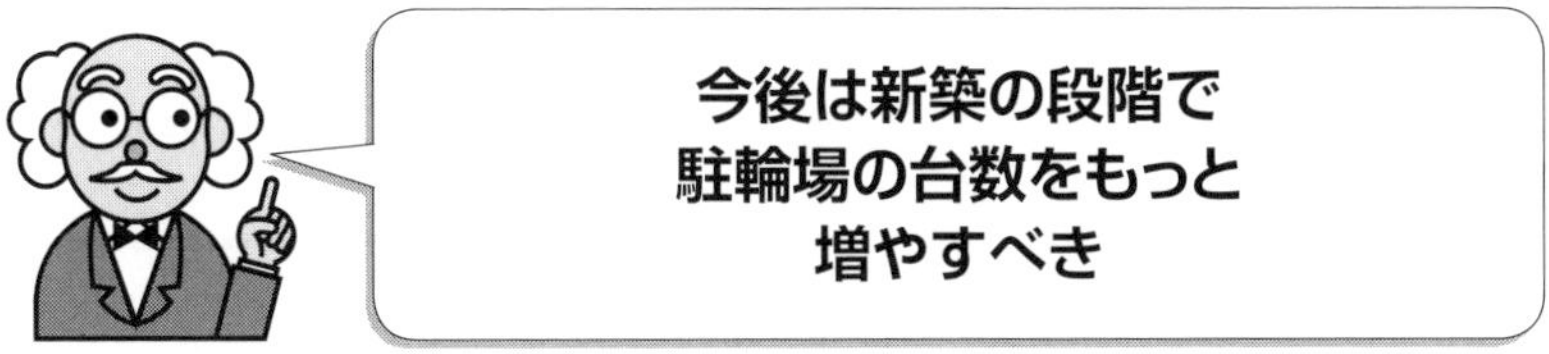
今後は新築の段階で
駐輪場の台数をもっと
増やすべき

Q25

騒音トラブルは、どうやって対応すればいい？

まずは日常生活でのマナーや気配りが大事です。床のリフォーム工事を行うときは、フローリングの遮音性能を確認しましょう。

スラブの厚さと床の仕上げ方、床材の性能が関係

マンションでの生活トラブルで最も多いのが騒音です。マンションはひとつの建物に複数の世帯が暮らしており、ある程度の音が伝わるのは仕方がありませんが、特に問題になりやすいのは上階で飛び跳ねたり椅子を動かしたりする音です。

対応としてはまず、室内で飛び跳ねたりしない、椅子やテーブルの脚に防音カバーをつけるなどマナーや気配りが大事です。床にカーペットを敷くのも有効でしょう。

そもそも床の遮音性は、コンクリートの床（スラブ）の厚さ、床の仕上げ方、そして床材（主にフローリング）の遮音性の3つで決まります。

まず、コンクリートの床（スラブ）の厚さが厚ければ厚いほど、遮音性は高くなります。厚さが180㎜あればまずまず、200㎜ならかなり安心でしょう（中空スラブなら250㎜以上）。また、床の仕上げ方には、スラブに床材を直接貼る「直床」と、スラブの上に支持ボルトで下地材（合板）を敷き、その上に床材を貼る「二重床」があり、二重床のほうが遮音性に優れるとされます（二重床を密閉すると太鼓現象が起こるので注意）。

さらに、フローリングそのものの遮音性ですが、以前は「推定L値」が用いられていました。しかし、メーカーによって測定方法が異なるなど信頼性が低いことから見直しが行われ、現在、フローリングの遮音性は「Δ（デルタ）L等級」が用いられるようになっています。「ΔL等級」は、フローリング単体での遮音性能を表すもので、数値が大きいほど遮音性能が高くなります。リフォームでフローリングを貼り替える際には、ΔL等級に注目して材料を選びましょう。防音フローリングの業界団体では、ΔL等級－3、ΔLH－2以上を推奨しています。

図表27　フローリングの遮音性は、ここを見る（直貼の場合）

●ΔLL等級（軽量床衝撃音レベル低減量の基準値）

表記する等級	軽量床衝撃音レベル低減量の下限値				
	125Hz帯域	250Hz帯域	500Hz帯域	1kHz帯域	2kHz帯域
ΔLL−5	15dB	24dB	30dB	34dB	36dB
ΔLL−4	10dB	19dB	25dB	29dB	31dB
ΔLL−3	5dB	14dB	20dB	24dB	26dB
ΔLL−2	0dB	9dB	15dB	19dB	21dB
ΔLL−1	−5dB	4dB	10dB	14dB	16dB

リフォームで使うフローリングの性能の目安

●ΔLH等級（重量床衝撃音レベル低減量の基準値）

表記する等級	重量床衝撃音レベル低減量の下限値			
	63Hz帯域	125Hz帯域	250Hz帯域	500Hz帯域
ΔLH−4	5dB	−5dB	−8dB	−8dB
ΔLH−3	0dB	−5dB	−8dB	−8dB
ΔLH−2	−5dB	−10dB	−10dB	−10dB
ΔLH−1	−10dB	−10dB	−10dB	−10dB

リフォームで使うフローリングの性能の目安

床のリフォームでは
フローリング材の
Δ（デルタ）L等級を確認しよう

Q26 もし、水漏れが起こったらどうする？

水漏れの原因をまず調べること。水漏れしている箇所によって、個人の責任か管理組合の責任かが違ってきます。

水漏れの原因は大きく分けて3つ

マンションで起こるやっかいなトラブルが「水漏れ事故」です。

水漏れ事故が起こる原因は、居住者の過失、設備の不具合、建物の不具合の3つに分けられます。

居住者の過失とは、風呂で長時間お湯を出しっぱなしにしていたり、洗濯機のホースの固定が不十分で外れてしまうケースなどがあります。コンクリートには防水性がないので、玄関やベランダを掃除しようと水を流して水漏れすることもあります。こちらは比較的、原因も水漏れ箇所も分かりやすいといえるでしょう。

設備の不具合とは、給湯管が劣化して穴が開いたり、給水管の接合部が緩んだりするケースです。新築時やリフォームの際の施工ミスで発生することもあります。また、給水管などは床下を通っているため原因箇所が分かりにくく、気が付いたら水漏れが広範囲に及んでいたりします。

建物の不具合とは、屋上の防水層の劣化、外壁のコンクリートのひび割れ、あるいは窓回りなどのシーリングの劣化によって雨水が浸入するものです。また、新築時の施工ミスや施工不良で発生することがあります。

いずれにしろ、水漏れが発生したら、まず原因調査を行います。居住者の過失であればすぐ分かるはずですが、それ以外の場合は通常、水漏れが発生した住戸の上階の床下から調べます。設備や建物の不具合の箇所を特定するため、床や壁の一部を壊す必要も出てくるでしょう。原因が判明すれば、その補修を行い、床や壁なども元に戻します。

調査、補修、復旧にかかるコストは、責任の所在によって区分所有者、管理組合、施工業者などが負担することになります。ただし、実際には一部を除いて火災保険でカバーされるのが一般的です。

図表28　マンションでの水漏れは誰の責任か

	具体的な事例	責任の所在
居住者の過失	・浴槽にお湯を入れていて溢れさせてしまった ・洗濯機の排水パイプが外れてしまった ・ベランダや玄関のたたきに水を撒いてしまった（コンクリートに防水性はない） ・トイレが詰まって溢れてしまった など	水漏れを発生させた居住者
設備の不具合	・経年劣化で給湯管に穴が開いて漏水した ・経年劣化で給水管の接合部から漏水した ・新築工事やリフォーム工事の際、工事業者が誤って給水管に釘を打ってしまった など	・経年劣化の場合、漏水箇所が専有部分であれば区分所有者、共用部分であれば管理組合 ・工事のミス、不良の場合は施工業者
建物の不具合	・経年劣化や施工不良により、屋上の防水層の一部から雨水が浸入した ・外壁のコンクリートにひび割れができ、そこから雨水が浸入した ・コンクリートの打継部や誘発目地、窓回りなどのシーリングの経年劣化や施工不良により雨水が浸入した など	・工事のミス、不良の場合は施工業者 ・経年劣化の場合は管理組合

調査が大事。
原因から直さないと
また発生する可能性がある

Q27

台風や大雨による浸水リスクには、どうやって備えたらいい？

浸水リスクは立地条件のほか、建物・設備の設計などによっても変わってきます。マンションの弱点を知り、管理組合として対策を講じていくべきです。

ハザードマップで想定される浸水の程度を確認

毎年のように発生している台風や豪雨による浸水被害。集中豪雨による河川の氾濫だけでなく、市街地でも排水が追い付かなくなって発生する「内水氾濫」の被害も増加しています。２０１９年10月には、神奈川県川崎市でタワーマンションの地下階が水没して大きなニュースにもなりました。今後も同じような浸水被害が発生する可能性は高いと言わざるをえません。

では、浸水リスクにどうやって備えるのか。まずは、マンションの立地条件を確認しましょう。各自治体が公表しているハザードマップで、想定される浸水の程度が分かります。

また、同じエリアでもマンションによって想定される浸水リスクの程度は違います。例えば、前面道路よりエントランスが低いと浸水の可能性が高まります。また、半地下になっている住戸や機械式駐車場の地下ピットも浸水リスクは高いといえます。

管理組合でできる対策としては、エントランスなどからの水の浸入を防ぐため、土のうや止水板などを用意することが考えられます。最近は「水のう」といって、水を入れたり、水を吸収することで土のうの機能を果たす製品もあり、使いやすさの点で優れます。また、マンションには「借室電気室」や「自家用受変電設備」といった電気設備があり、これらが浸水すると長時間にわたって停電し、給水ポンプやエレベーターが止まってしまいます。浸水リスクの高い立地であれば、設計段階で電気設備を高い場所に置く配慮が望ましいですし、後からであれば土のうや止水板を用意しておくとよいでしょう。

そのほか、管理組合で加入している火災保険に水災補償が含まれているか、補償内容がどうなっているかも確認しましょう。

図表29　火災保険における一般的な水災補償の対象と範囲

対象となる災害	補償の範囲
洪水	台風や大雨の影響で近くの河川が氾濫し、住宅が床上浸水して建物や設備、家財に被害が出た場合に補償
高潮	高潮が発生し、防波堤を越えて流れ出た海水や漂流物で建物や設備、家財に被害が出た場合に補償
土砂崩れ	大雨や集中豪雨などにより、山の斜面や崖などの土砂が崩れ落ちて建物や設備、家財に被害が出た場合に補償

ただし、下記のいずれかを満たすことが必要。

1	損害額が再取得価額（※）の**30%以上**であること
2	床上浸水もしくは地盤面から**45cm以上の浸水被害**が発生すること

※保険会社によって「再調達価額」「新価」「保険価額」などとも呼ばれる。保険の対象物と同等のものを新しく取得するために必要な金額のこと。

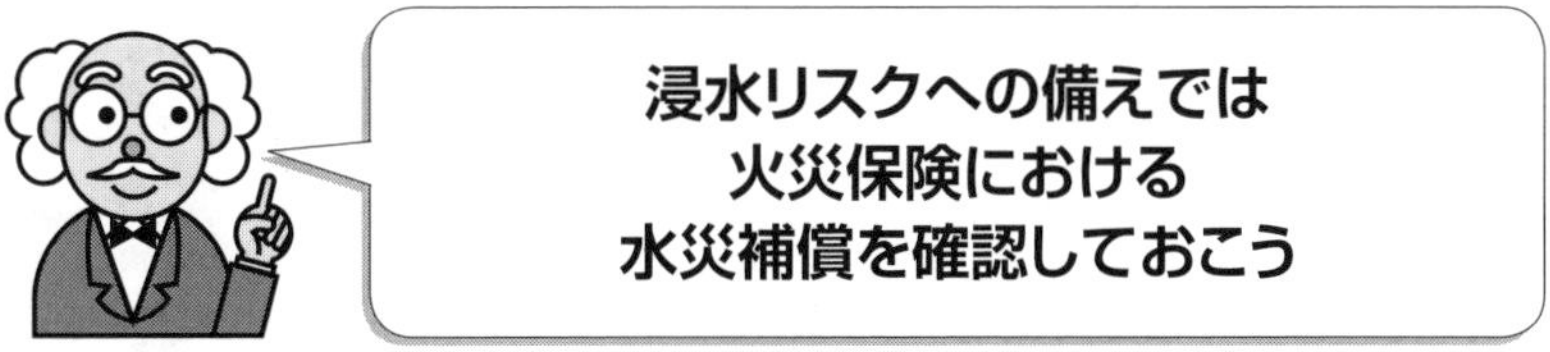
浸水リスクへの備えでは
火災保険における
水災補償を確認しておこう

Q28

もし、外壁のタイルが落ちて通行人が死亡したらどうなる？

マンションの敷地の一部が崩れて通行人が死亡した事故も発生。最終的に管理組合と区分所有者の責任になる可能性があります。

賠償額が1億円以上になることも

２０２０年２月、神奈川県逗子市でマンションの敷地の斜面（※）が崩れ、女子高生が死亡する事故が発生しました。最終的な責任はマンションの区分所有者が負うことになると見られています。民法（７１７条）では「工作物責任」といって、土地の工作物（建物など）になんらかの欠陥があり、他人に損害を与えた場合、工作物（建物など）の占有者・所有者が賠償責任を負うことになっているからです。

同じことは、マンションの外壁のタイルがなんらかの原因ではがれ落ち、通行人が死亡するケースにも当てはまります。タイルの施工に欠陥があったことが原因であったとしても、それを証明するのは簡単ではなく、工作物責任が問われることになる可能性が高いでしょう。

実際、外壁タイルの落下による人身事故はこれまで何度も発生しており、建築基準法施行規則の改正により2008年から、マンションを含め築10年を経過した建物では、外壁タイルの全面打診調査が義務付けられています（違反者には100万円以下の罰金）。なお、死亡事故による賠償額はケースによりますが、1億円を超えることも珍しくありません。区分所有者の負担について は、管理組合で加入している火災保険の特約として入っている施設賠償責任保険でカバーされることが多いと思われます。しかし、死亡事故を起こしたマンションとして中古市場での人気が下がり、資産価値が損なわれるリスクはぬぐえません。

管理組合として普段から、敷地の斜面が崩れる危険性はないか、外壁のタイルが剥落する恐れはないかなど、定期的にチェックし、問題があるようならば対策を講じておく必要があります。

※神奈川県の「土砂災害警戒区域」に指定されていた。

図表30　外壁タイルが落下するパターン

外壁タイル

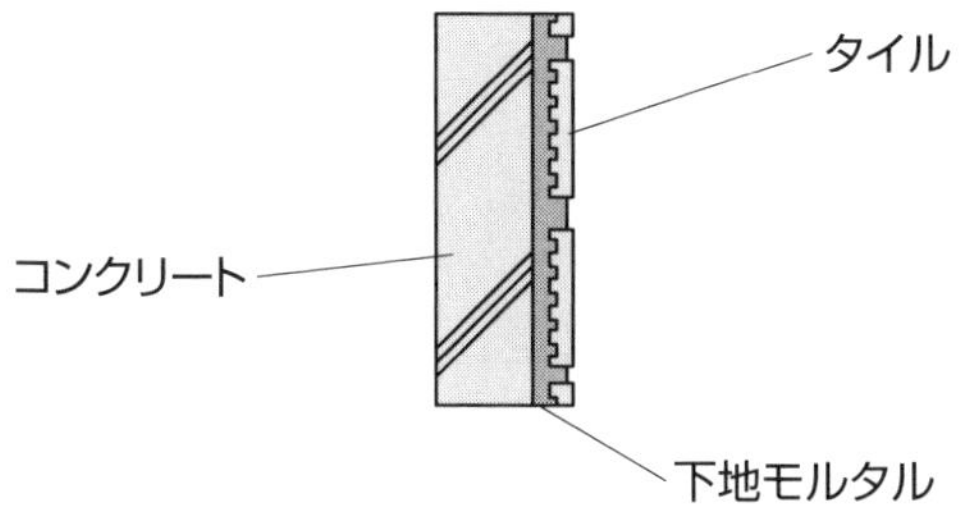

**施工不良経年劣化で
落下することがある**

落下のパターン1

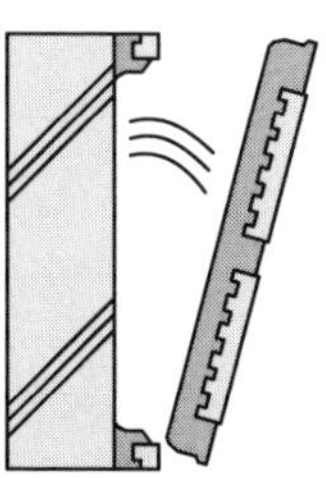

建物の振動や気温の変化、雨水の浸入などで下地モルタルの浮きが生じ、下地モルタルから落下するパターン。広範囲に落下することが多い

落下のパターン2

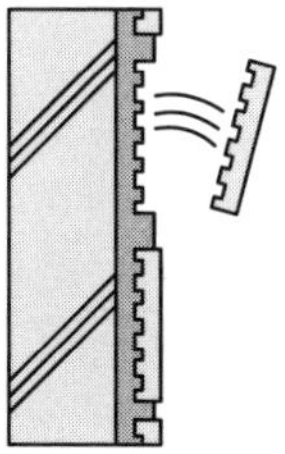

タイルの裏の突起（足）の破損や下地モルタルの劣化によって、タイル単体が落下するパターン

**敷地斜面の崩壊や
タイルの落下の危険性がないかを
定期的にチェックする**

第4章

管理会社と緊張感を持って付き合うのが賢い管理組合だ！

Q29 そもそも管理会社は、何をしてくれるの？

マンション管理についてさまざまなサービスを提供するのが管理会社です。表から見えやすい仕事と見えにくい仕事があります。

日常、目にするのは管理員業務や清掃業務

分譲マンションの管理の主体は、管理組合とその構成員である区分所有者です。しかし、多くの分譲マンションでは、管理に関わるほとんどの業務を管理会社に任せています。

管理会社が管理組合から引き受ける業務は図表31のように、大きく分けて「事務管理業務」「管理員業務」「清掃業務」「建物・設備管理業務」の4つがあります。このうち、「管理員業務」と「清掃業務」は区分所有者の目にも触れやすく、管理会社のイメージはだいたいこの2つが左右します。

一方、「事務管理業務」と「建物・設備管理業務」はあまり表からは見えず、何をやっているのか、業務のレベルはどうかが見えにくくなっています。

「事務管理業務」は、管理組合の予算案や決算案の作成、管理費等の出納、滞納者への督促、理事会や総会の支援などで、主に管理会社の担当者が行います。管理会社が行うメインの業務といってよく、「事務管理業務」を第三者に丸ごと再委託することは法律で禁止されています。

また、「建物・設備管理業務」は、建物の点検・検査、エレベーターの保守、機械式駐車場の保守、給排水設備の保守などハード面に関するものです。こちらは管理会社から専門業者に再委託されることが多いのですが、業務がきちんと行われたかどうかなどは管理会社がチェックします。

4つの業務はそれぞれ重要ですが、表から見えやすい「管理員業務」「清掃業務」はもちろん、表から見えにくい「事務管理業務」「建物・設備管理業務」についてもきちんと行われているか、理事長をはじめ役員が区分所有者を代表し、毎月の理事会などでしっかり確認することが重要です。

図表31　管理会社に任せる業務の種別

事務管理業務 見えにくい	・毎月の管理費や修繕積立金の出納 ・管理組合の予算案や決算案の作成 ・建物や設備の維持･修繕に関する企画や実施調整 ・理事会や総会の支援 ・点検、検査等にもとづく助言　など
管理員業務 見えやすい	・管理員の派遣と各種業務（※）の実施 ※管理員室での受付、各種設備の簡易点検、専門業者による点検作業やごみ収集の立ち会い、管理組合への報告･連絡など
清掃業務 見えやすい	・日常清掃（日常的なゴミ拾い、掃き拭きなど） ・定期清掃（専門業者による、エントランスホールや階段の床、高所のガラス、照明器具などの清掃） など
建物･設備管理業務 見えにくい	・建物の定期的な点検、検査 ・エレベーター、機械式駐車設備、給水設備、宅配ロッカー、防災設備、電気設備などの保守点検や法定点検 など

※参考:国土交通省「マンション標準管理委託契約書」。

見えるところだけで
管理のレベルを
判断してはダメ

Q30

管理会社を上手に使いこなすには、どうすればいい？

理事会が中心になって、担当者や管理員がきちんと動いてくれているか折に触れ確認し、問題があれば指摘するなど、緊張感を持って付き合いましょう。

管理会社に丸投げではダメ

管理会社は通常、新築時に売主の不動産会社がセットにしています。また、管理組合の役員は1～2年で交代し、マンション管理に関する建築、法律、財務などの専門知識についても詳しい人は少ないでしょう。

そのため管理会社の業務についてチェックが働かず、コストを含め管理会社の言うがまま何年、何十年と契約を更新し続けていることがあります。

しかし、大手であろうと有名企業であろうと、管理会社に丸投げでは間違いなく業務レベルが低下していき、気が付いたときにはさまざまな問題が山積みといったことになりかねません。

管理組合と管理会社との間には、管理委託契約が結ばれています。まずは契約通りの業務が行われているか、またそのレベルはどうか、役員が折に触れて確認し、指摘することが重要です。

チェックし、問題があれば指摘する

もちろん、頭から管理会社を疑ってかかれということではありません。担当者や管理員とはコミュニケーションを密にとるべきです。大事なことは、チェックすべき箇所はチェックし、問題があれば指摘するということです。

例えば、担当者の業務レベルは個人差が大きいのが実情です。そのため、普段からきちんとチェックし、適切な指摘を行う管理組合には経験豊富で気が利く担当者を当て、そうではない管理組合には、ちょっと残念な社員や新入社員などを回すことになったりします。どちらが管理組合のためになるかは明らかでしょう。

図表32　管理会社にしっかりやってもらうためのポイント

ポイント	内容	説明
ポイント 1	丸投げ、任せっきりにしない	「全部委託方式」の場合であっても、管理会社に丸投げ、任せっきりでは担当者や管理員の緊張感が失われ、管理業務の質が低下しやすい
ポイント 2	重要事項説明書にもとづき契約の内容をきちんと確認	管理委託契約は通常、1年更新。同じ内容での更新であっても、役員（特に理事長）は必ず契約内容を確認し、疑問点は担当者に質問する
ポイント 3	管理組合としての課題と方針を明確に	課題のないマンションはない。管理組合や理事会としてその課題にどう取り組むのかを明確にする
ポイント 4	担当者とは普段からこまめに連絡し、記録を残す	役員（特に理事長）は担当者と普段から、メールや電話で課題や依頼事項についてこまめに連絡を取り合い、内容を記録に残す
ポイント 5	申し入れや交渉は基本的に文書で	管理会社に対する正式な申し入れや交渉では、「言った、言わない」とならないよう基本的に文書で行う
ポイント 6	役員交代時にはそれまでの交渉経緯などをきちんと引き継ぐ	問題によっては管理会社との交渉が1年以上に及ぶことも珍しくない。役員の交代時には引き継ぎをしっかり行わないと、また最初からとなりかねない
ポイント 7	問題の改善が見られない場合は担当者や管理会社の交代を検討	何度言っても対応が改善されない場合、担当者や管理員の交代を管理会社に求め、場合によっては管理会社の変更（リプレイス）も検討する

管理会社の担当者や管理員との
コミュニケーションを怠らず、
問題があれば、すぐに指摘を

Q31

何かあれば、管理員に言うと、ちゃんとやってくれるんでしょ？

管理員にはさほど権限はありません。管理会社の担当者にちゃんと伝わっているかどうかが重要です。

管理員は定年後に再雇用される人が多い

「マンション管理といえば管理員」と思っている人は少なくありません。しかし、管理員とは管理会社が派遣する現場スタッフです。管理員室での窓口対応やマンション内の簡単な清掃、設備の点検の立ち会いなど、比較的簡単な業務を行うのが役目です。

国土交通省が作成・公表している「マンション標準管理委託契約書」では、次の4つを管理員の業務としています。

①受付業務…来客や各種申し込み、異動届、規約閲覧などへの対応
②点検業務…建物や設備の日視点検、照明の管球交換、設備の作動状況確認など
③立会業務…各種工事やゴミの搬出、災害や事故処理にあたっての立ち会いなど
④報告連絡業務…文書の配布・掲示、各種届出や点検・立ち会いの結果、管理日誌等の作成と連絡など

区分所有者のクレームや相談、理事会の要望などについては、管理会社の担当者に連絡してくれますが、専門部署につなぐとか外部の業者を手配するといったことまではしません。担当者との連携が悪いということもあります。

そもそも、管理員の多くは定年退職後に再雇用される契約社員やパートの人たちです。社員雇用のケースもありますが60代以上がほとんどで、マンションに住んだことのない人もいます。採用後、3カ月ほど清掃などの職業訓練を行い、持ち場のマンションに配属されたら基本的に異動や転勤はなく、ずっとそのマンションで勤務します。

中には〝スーパー管理員〟と呼べるような優秀な人もいますが、それはたまたま。管理員に伝えれば、すぐなんでも解決するとは思わないほうがいいでしょう。

図表33　管理員はこんな人（イメージ）

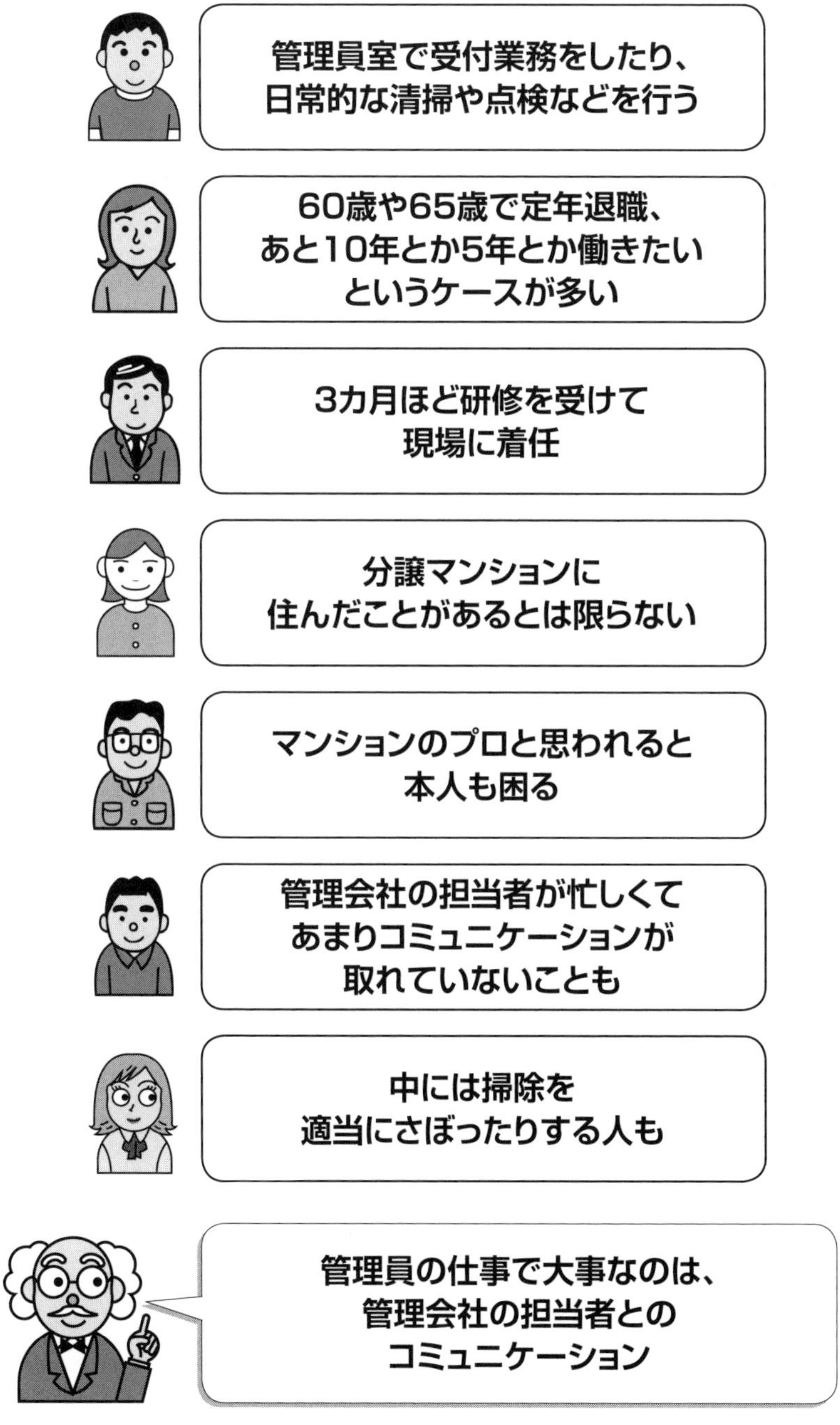
管理員室で受付業務をしたり、日常的な清掃や点検などを行う
60歳や65歳で定年退職、あと10年とか5年とか働きたいというケースが多い
3カ月ほど研修を受けて現場に着任
分譲マンションに住んだことがあるとは限らない
マンションのプロと思われると本人も困る
管理会社の担当者が忙しくてあまりコミュニケーションが取れていないことも
中には掃除を適当にさぼったりする人も
管理員の仕事で大事なのは、管理会社の担当者とのコミュニケーション

図表34　管理員のチェックポイント

1	服装、身だしなみはきちんとしているか？　挨拶はきちんとしているか？
2	マンション内の清掃や点検を決められた通りに行っているか？
3	管理員室はきれいに整頓されているか？
4	勝手に遅刻・早退などをしていないか？
5	業務時間内に新聞を読んだりラジオを聞いたりしていないか？
6	居住者やマンション内の情報を不用意にほかの居住者などに話したりしていないか？
7	規約などに違反している居住者にきちんと注意してくれているか？
8	掲示板は整理されているか？　不要な掲示物がいつまでも残っていないか？
9	日報は毎日、記入しているか？
10	担当者と密にコミュニケーションを取っているか？

勤務形態としては通勤がほとんど

管理員の勤務形態には大きく分けると「住込み」と「通勤」があります。

「住込み」の場合、そのためのスペース（住戸）を設ける必要があること、緊急時には警備会社が対応すること、そして何より募集しても人が集まらないことなどから、最近はほとんど見られなくなりました。

いまは「通勤」が大半です。勤務時間は平日については8時間勤務で、土日や祝日、年末年始は休みが一般的。小規模なマンションになると、隔日や半日勤務といったケースもあります。

いずれにしろ、大事なことは管理員に契約通りの仕事をしてもらうことです。また、管理員と担当者の連絡が密に取られているかも重要なポイントです。できていないと管理組合の不満のタネになりがちです。

Q32

管理会社の担当者は普段、何をしているの？

理事会や総会に向けた情報収集と資料作成、工事の見積りや手配、滞納者への連絡など、理事会にとって便利屋的なキーマンです。

管理組合が頼りにすべきなのが担当者

これまでも何度か触れましたが、管理組合の役員としてぜひ理解しておきたいのが、管理会社の担当者と管理員の違いです。担当者は支社や営業所に所属している業務担当者（通常は社員）で、管理会社で最も人数が多い職種です。

担当者はそれぞれ担当のマンション（管理組合）を持ち、理事長をはじめ役員のみなさんと打ち合わせをしたり、理事会に出席したりして、管理に関わる業務をコントロールします。

区分所有者の中には管理員が管理会社の担当者だと思っている人が多いのですが、管理員はあくまで現場スタッフです。管理員は担当者の指示の下で動いています。

ですから、繰り返しになりますが、管理組合にとって重要なのは担当者です。何かあれば担当者に連絡し、対応してもらうのが基本です。

担当者の事務処理能力が低いと、どんどん仕事が遅れ、管理組合（役員）からは催促やクレームが増え、ついにはパンクしてしまうことにつながります。

以前、当社のコンサルタントが経験した事例ですが、理事会の指示を受け、担当者に文書である業務を依頼しました。ところが、いつまで経っても返事がありません。管理組合の役員と一緒に担当者に確認したら「聞いていない」の一点張り。おかしいと思い、上司に連絡して調べてもらったら、その担当者の机の奥に依頼の文書がしまい込まれていました。

確かに担当者の能力に個人差はあります。しかし、それを前提に組織でカバーする仕組みや体制を整えるのが管理会社の責任です。

図表35　管理会社の担当者のチェックポイント

1	同時に担当している、ほかのマンションはいくつか?
2	経験年数はどれくらいか、どんな資格を有しているか?
3	各マンションの特徴や問題点をきちんと把握しているか?
4	理事会が依頼した事項についてスピーディーに動いてくれるか?
5	理事会に毎回、出席して適切な議事進行のサポートをしてくれるか?
6	役員の相談に親身にのってくれ、また適切できめ細かいアドバイスをしてくれるか?
7	マンションの管理のレベルを上げるための提案力があるか?
8	定期的に管理員の業務をチェックし、必要な指導などを行っているか?
9	日ごろから管理員との相互コミュニケーションがきちんととれているか?
10	マンションで何かトラブルが発生した際、的確に対応し、報告などもしっかりしてくれるか?

管理会社のレベルは管理員と担当者で決まる

一人当たりの担当物件数は10件までが目安

現在、担当者一人が担当するマンション（組合）数は、業界平均で10〜15程度です。

月1回理事会があるとして、15件を担当していると、週末の土日はほとんど埋まります。それぞれ議案書や議事録の原案を作成し、依頼された案件の手配をこなしたりしなければなりません。特に年度末になると、決算書の作成など総会へ向けての準備もあります。

さらに、担当するマンションの築年数が経つにつれて設備の故障などいろいろな問題が発生します。その結果、多くの管理会社では担当者の仕事が回らなくなっている感じがします。

みなさんのマンションを担当している担当者が、ほかにいくつのマンション（管理組合）を担当しているのか、それぞれの規模（戸数）や築年数はどれくらいか、一度聞いてみるといいと思います。当社としては、15では多すぎると思います。できれば10未満が望ましいです。

Q33

管理会社はどれくらいあるの？ 会社によって違いはあるの？

国に登録している管理会社は2000社以上、そのうち大手は100社ほど。不動産会社の子会社などいくつかのタイプがあります。

デベロッパー系を筆頭に4つのタイプがある

2000年にできた「マンション管理適正化法」により、マンション管理を事業として行う会社は国土交通省に登録が義務付けられ、登録している管理会社は2000社以上になります。

一般的にマンション管理は労働集約型のサービス業であり、それほど大規模な設備投資がいりません。そのため、大手から中小、零細まで多くの会社が存在しているのです。

とはいえ、それなりに人員と組織体制を整え、全国展開している有力な管理会社は50社程度に絞られます。こうした有力管理会社は、母体や沿革によって、図表36のように4タイプに分けられます。

デベロッパー系は主に、デベロッパーの管理部門が分離独立してできたものです。親会社が分譲した新築マンションの管理を受注でき、またブランド力もあります。一方で、資本関係から親会社の意向に左右されやすい傾向があります。

ゼネコン系は、親会社が大手建設会社（ゼネコン）という管理会社です。親会社が施工した新築マンションの管理を受注するケースが多く、社数は多くありませんが大手も含まれます。

ビルメンテナンス系は、オフィスビルのメンテナンス業から発展してきたところです。建物や設備といったハード面についてのノウハウや専門スタッフが強みですが、管理組合の運営サポートなどソフト面はやや弱いようです。

独立系は、特定のデベロッパーやゼネコンの系列に属さないところで、主に管理会社の変更（リプレイス）により事業を拡大しているところです。デベロッパー系などに比べて金額が安いのが特徴ですが、業務の質が伴わなかったり、修繕工事狙いといった面があったりするケースもあるようです。

管理会社のこうしたタイプはぜひ知っておきましょう。

図表36　母体などによって異なる管理会社の強みと注意点

	こんなタイプ	強み	注意点
デベロッパー系 大京アステージ 東急コミュニティー 三菱地所コミュニティ 大和ライフネクスト 三井不動産レジデンシャルサービス など	新築マンションの売主である不動産会社（デベロッパー）の子会社や関連会社で、大手が多い	・親会社が販売したマンションの管理を受注でき、経営が安定している ・ブランド力、知名度がある ・親会社から当該マンションの情報を入手しやすい	・建物の不具合などが発生した場合、管理組合より親会社のほうを向きがち ・吸収合併や再編が進んでおり、元は他社系列ということもある
ゼネコン系 長谷工コミュニティ 大成有楽不動産 など	大手建設会社（ゼネコン）の子会社や関連会社など。それほど多くはない	・親会社が施工したマンションの管理を受注しやすく、経営が安定している ・ブランド力、知名度がある ・親会社から当該マンションの設計や建築に関する情報を入手しやすい	・工事絡みの不具合が発生した場合、管理組合より親会社のほうを向きがち
ビルメンテナンス系 日本管財住宅管理 など	もともとはオフィスビルなどの清掃、設備点検などのメンテナンスを主力としている管理会社	・清掃や設備などハード面に強い ・建築や設備関係の有資格者が比較的多い	・管理組合の運営サポートなどソフト面に不慣れな傾向も
独立系 日本ハウズイング 合人社計画研究所 など	特定のデベロッパーやゼネコンと資本や人的関係のない管理会社。マンション管理を専門にしており、中小規模のところも多い	・デベロッパー系などに比べて金額が比較的安い ・デベロッパーやゼネコンとのしがらみが少ない	・中小が多く業務体制に不安がある ・業務の質が伴っていなかったり、工事関係で収益を上げようとする面も

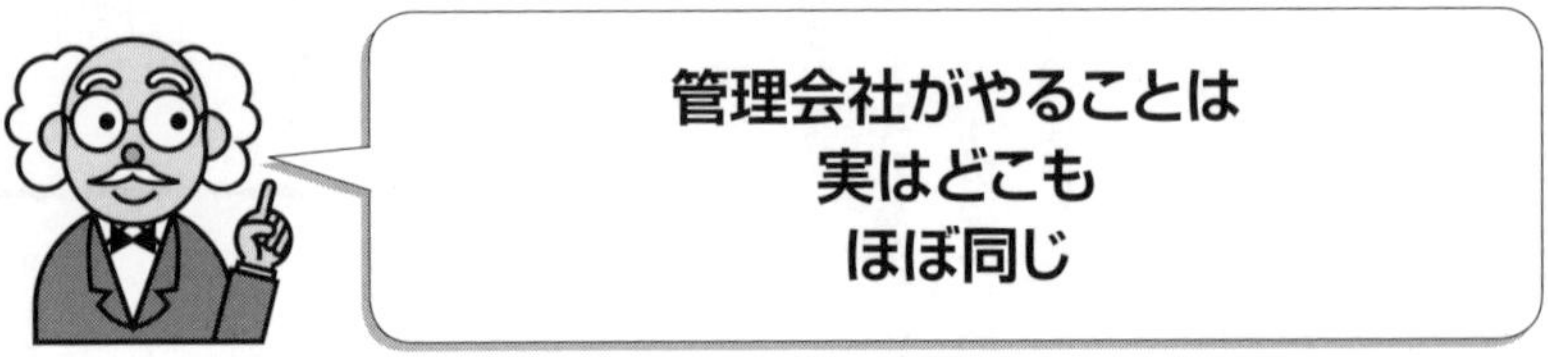

Q34

管理会社は、大手で有名なところや売主の子会社のほうが安心じゃない？

イメージで信頼し、安心するのもいいですが、大事なのは実際のサービスのレベルとコストのバランスです。

マンション管理業は差別化や品質管理が難しい

数多くの管理会社がある中、大手で有名なところ、また売主などの子会社（デベロッパー系やゼネコン系）のほうが安心できるのではないか、という声をよく聞きます。マンション管理に詳しくない人なら、なおさらそうでしょう。

しかし、当社のこれまでの経験からいうと、大手で有名なところ、あるいは売主などの子会社なら安心できるとは決していえません。

管理組合にとって本当に大事なのは、区分所有者の満足度が高く、コストも適正であることです。それは会社の規模や知名度とほとんど関係ありません。

まず、大手や有名かどうかですが、確かに管理戸数が多かったり名前が知られていたりするほうが良さそうに見えます。

しかし、マンション管理業は人手に頼る労働集約型のビジネスで、サービスのメニューや内容は上位30社くらいであればほぼ同じです。違いがないとはいいませんが、ほんのわずかか、マンション管理とはあまり関係ない友の会カードやグループ会社での割引の有無くらいです。人材についても、担当者の転職率は高く、管理員は定年退職者が中心といった点はほぼ共通します。

新築マンションが現場での一品生産であるのと同じく、マンション管理もそれぞれの現場の状況や担当者によって大きく左右されます。

管理業務の内容はケース・バイ・ケースであり、外注に任せるものも多く、サービスの品質を一定に保つことがそもそも難しいのです。

当たり前ですが、大手や有名な管理会社であっても、基本的に業務委託契約で決められた業務しかしません。意図的かどうかは

図表37　マンション管理業には、会社の規模や知名度は関係ない

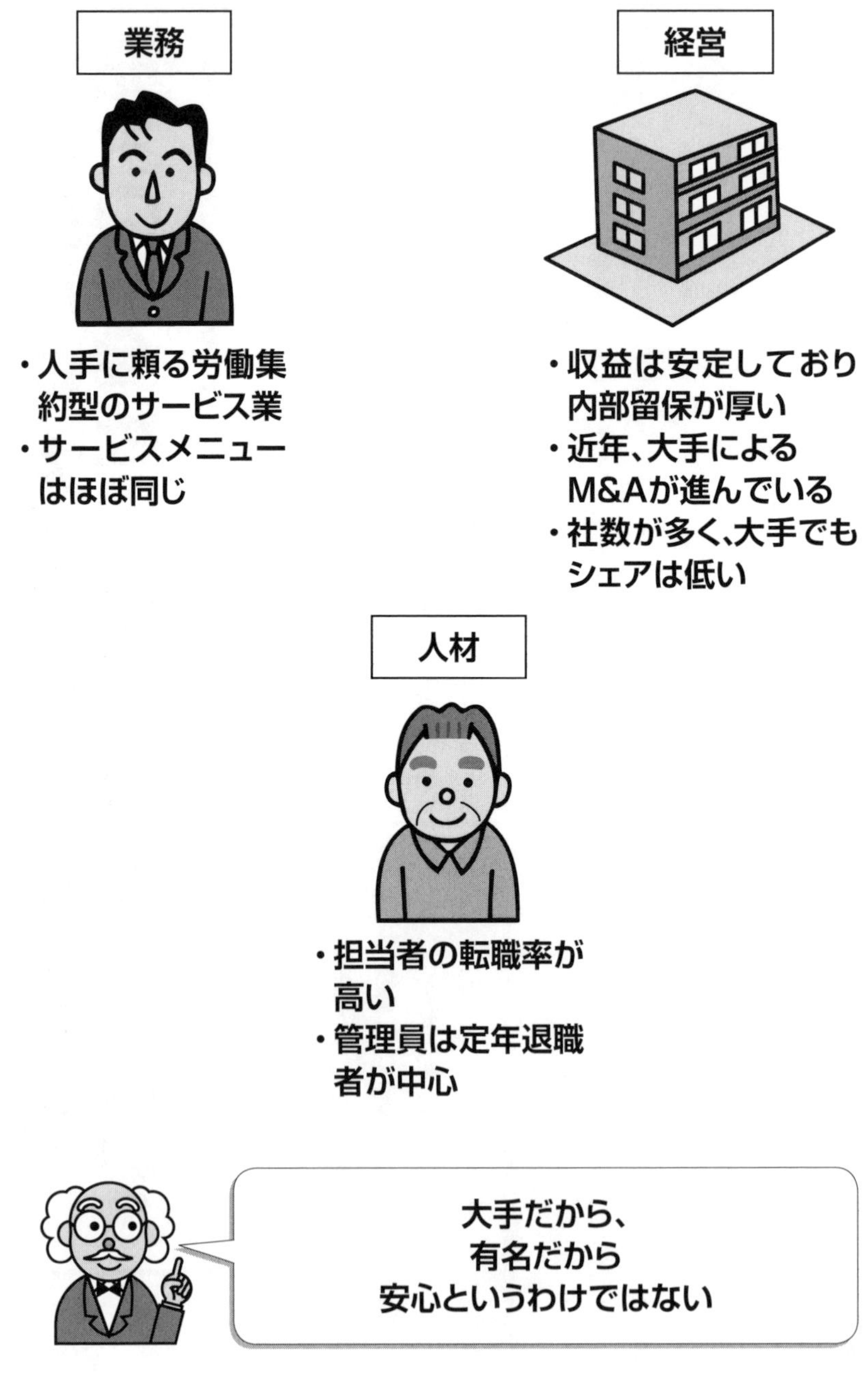

業務
・人手に頼る労働集約型のサービス業
・サービスメニューはほぼ同じ
経営
・収益は安定しており内部留保が厚い
・近年、大手によるM&Aが進んでいる
・社数が多く、大手でもシェアは低い
人材
・担当者の転職率が高い
・管理員は定年退職者が中心
大手だから、
有名だから
安心というわけではない

別にして、契約で定められた業務さえ行われていないこともあります。

理事などの役員のみなさんは仕事や家事で忙しく、普段は管理員や担当者の業務まで細かく確認できないでしょう。月1回の理事会でも、「こんなことをしました」という報告を受けるだけです。

そうした中で、「大手だから」「名前が知られているところだから」ということを安心のための材料にしているのかもしれません。

売主の子会社は親会社の顔色をうかがいがち？

売主（デベロッパー系やゼネコン系）の子会社については、より根深い問題があります。

子会社であるということは資本関係での上下がはっきりしており、役員や幹部も生え抜きより親会社からの出向や天下りが幅を利かせていたりします。

そもそも、デベロッパー系やゼネコン系の管理会社は親会社からほとんどの仕事（管理するマンション）をもらっており、どうしても親会社の顔色をうかがいがちです。マンションの建物の不具合や欠陥が見つかり、管理組合と売主が対立したときなど、管理会社の担当者は親会社のほうを向きがちです。知名度や規模といったうわべだけでなく、管理組合として管理会社の業務を継続的にチェックできるような仕組みをつくるほうがよほど重要だと思います。

マンションのタイプによる相性も大事

「安心」という点で、意外に重要なのがマンションのタイプによる管理会社との相性です。

超大手で有名な管理会社は、大規模マンションやタワーマンションの管理には熱心ですが、小規模なマンションについては、予算が豊富な超高級マンションは別として、手間がかかる割に儲けが少ないのかあまり積極的ではありません。

大手の管理会社の中には、20戸未満のような小規模なマンションについては問い合わせがあっても断るケースが増えているようです。すでに管理をしていても、管理委託費の値上げを打診し、受け入れられないなら管理を辞退するというケースも出てきています。

そういう点では、小規模なマンションはむしろ、中堅や中小クラスの管理会社のほうが向いているのではないかと思います。規模は小さく名前は知られていなくても、地域密着でフットワークがよく、柔軟性があり、誠実な対応をしてくれる管理会社はあります。

「自分たちのマンションにとって一番適した管理会社はどこか」という視点もぜひ、意識してみてください。

Q35
良い管理会社とそうではない管理会社を見分けるポイントとは？

自分たちのマンションにとって良いかどうかが大前提です。その上で、担当者や管理員の仕事ぶり、コストと質のバランスなどをチェックしましょう。

大手で有名だから「良い管理会社」とは限らない

国土交通省が5年ごとに行っている『マンション総合調査』（平成30年）によると、マンションの管理状況全般に「非常に満足している」が24・9％、「やや満足している」が37・9％で、合計すると6割を超えます。

マンションの管理状況に満足している理由として一番多いのが「マンション管理業者が良いので」（68・8％）です。

これを見ると「良い管理会社に頼めばいいんだ」と思いますが、そもそも「良い管理会社」とはどのような管理会社なのでしょうか。実際には大手で有名だからという理由が多いように思います。

しかし、マンション管理業は労働集約型であり、担当者や管理員によって大きく左右されます。そして、担当者のレベルは、大手で有名なところでもかなりバラツキがあります。

「良い管理会社」かどうかの大前提は、自分たちのマンションにとって良いかどうかです。世間一般の評判や知名度は関係ありません。

これまでの経験や実績はひとつの判断材料

その上で、管理会社の姿勢やレベルを判断するにあたっては、まず会社が誕生してからこれまでの経験や実績は重要な判断材料のひとつです。

歴史の長い会社はそれだけ安定性があるといえますし、受託しているマンションの戸数が多く、複数の棟がある団地型や店舗などとの複合タイプ、超高層マンションなど多様なタイプのマンションを手掛けているところは、それだけ対応力に優れているといえるでしょう。

ただし、10年ほど前から管理会社の吸収・合併が増えています。

図表38　管理会社のチェックポイント

	判断材料	チェックポイント
1	国への登録	□国土交通省にマンション管理業の登録を行っているか 重要 □国土交通省から過去、監督処分などを受けたりしていないか
2	経営状況	□親会社などとの資本関係はどうなっているか □売上高、経常利益率はここ3年伸びているか、減っているか □社員、契約社員、パートはここ3年増えているか、減っているか □有資格者の人数、割合はどれくらいか ※ビル管理など、ほかの事業も営んでいる場合は、マンション管理業務単独での状況を確認
3	歴史・沿革	□創業はいつで、何年くらい営業しているか □過去に事業転換や親会社からの分離独立、M&Aなどがあったか
4	管理実績	□管理受託戸数、管理受託棟数はどれくらいか □どういう経緯での受託が多いか（親会社から、他社からの変更など） □どういうタイプのマンションをよく管理受託しているか（大規模か小規模か、ワンルーム・ファミリータイプ・タワーマンションか、など）
5	委託契約	□適切な資格者（管理業務主任者）が重要事項説明を行っているか □定額委託業務費の内訳が明示されているか □管理業務の内容について作業基準が定められた仕様書があるか □保守点検や法定点検の費用が実費精算払いになっているか □長期修繕計画の作成・更新と費用負担についての記載があるか □建物や設備等に瑕疵《かし》があった場合の通知義務の定めはあるか 重要 □委託契約の更新や解約について管理組合に不利な記載はないか
6	担当者のレベル	重要 □1人で何棟（何組合）のマンションを担当しているか □担当マンションの状況をきちんと把握しているか □理事会からの依頼にどれくらいのスピードで対応してくれるか □理事会には毎回出席しているか □管理組合の課題に対する提案力、問題解決力があるか
7	管理員のレベル	□身だしなみや態度、挨拶はきちんとしているか □決められた業務を日々、的確に行っているか □緊急時の対応マニュアルを理解しているか

管理会社の知名度より、
担当者や管理員の
レベルのほうが重要

いずれも当たり前のことばかりですが、マンション管理では当たり前のことを当たり前に、きちんとできるかどうかが極めて重要なのです。

吸収・合併した管理会社の場合、これまでの経緯や管理戸数に関し、他社と単純には比較できないので注意しなければなりません。

社内体制はいろいろな面からチェック

もうひとつ、管理会社の判断材料として重要なのが社内体制の状況です。

例えば、人材です。窓口となる担当者、現場の管理員などの雇用形態には、正社員、契約社員、業務委託などいろいろなケースがあり、管理委託費の金額や業務の質を判断する参考になるでしょう。一般論として、正社員のほうがコストは高くなりがちですが、業務の熟練度やモラルの点で安心できます。

先ほども述べましたが、担当者は一人がどれくらいの管理組合を担当しているかも、業務の質を判断する目安となります。一人当たりの担当物件が多ければ、1件当たりの人件費は安くなりますが、その分、労力や時間はあまり割けません。

各種の研修制度、ITシステムの整備などにも注目しましょう。研修制度がしっかりしていれば、それだけ人材の質が揃っていると考えられます。また、ITシステムが整備されていれば、担当者による質のバラツキをある程度、平準化できるでしょう。

以上のほか、マンション管理適正化法などを参考に、管理会社のチェックポイントを図表38にまとめてみたので参考にしてみてください。

Q36 管理会社と交渉するコツはあるの？

専門的な知識や情報、時間などの差を埋めるため、必要に応じて外部のプロを活用しましょう。

申入れや回答は文書で行う

マンション管理の主役は区分所有者であり、その団体である管理組合です。ただ、区分所有者の多くは仕事や家事があり、役員も管理組合の活動にそれほど時間を割けるわけでありません。

また、マンション管理においては建築、法律、財務などの専門知識が必要ですが、これらについて区分所有者の多くは素人でしょう。

そこで管理会社と担当者に頼るわけですが、管理組合が管理会社に対して管理業務を任せることは法律上、「準委任契約」（委任契約の一種）に当たります。委任契約では、委任を受ける側に「委任の本旨に従い、善良な管理者の注意」（民法６４４条）が要求されます。マンション管理では管理組合の立場に立ち、そのメリットになるよう行動することが求められるのです。

しかし、実際にそうなっているかどうかは別です。担当者が個人的にそう思っても、担当物件が多すぎて手が回らないといったことは珍しくありません。管理員の質もバラツキがあります。

そこで問題があれば、管理会社と交渉することになります。最初は担当者に口頭で伝えるのでもいいですが、改善されないようであれば組織どうしの問題として交渉すべきです。その際、事実関係が重要です。印象ではなく、いつ、どこで、どのような問題があったのか情報を集め、整理する必要があります。

また、申入れや要求は基本的に文書で行い、文書で回答をもらいます。口頭だけでは「言った、言わない」の話になりやすく、時間ばかり経ってしまいます。文書にすることで、役員が交代しても経緯を引き継ぐことができます。

さらに、外部の専門家を活用することも考えましょう。管理会社との知識や情報、時間などの差を埋めるために有効です。

図表39　管理会社との交渉のポイント

ポイント1
管理組合と管理会社という
組織どうしの問題であることを認識する
（個人間の問題ではない、感情的になってもダメ）

ポイント2
具体的な事実関係をもとに交渉する
（あらかじめ具体的な事実について情報を集め、
整理する）

ポイント3
申入れや要求は
基本的に文書で行い、文書で回答をもらう
（口頭では「言った、言わない」になりやすい）

ポイント4
交渉の経緯を役員間できちんと引き継ぐ
（大きな問題ほど交渉には時間がかかり、
途中で役員が交代することも）

ポイント5
テーマに応じて
外部の専門家を活用する
（管理会社との知識や情報、時間の差を埋めるため）

管理に不満があったら、
事実にもとづいて
文書で交渉する

第5章

管理費や修繕積立金の〝値上げ〟話が出たらここをチェックしなさい！

Q37

最近、管理費や修繕積立金の〝値上げ〟話が増えているというのはホント？

管理費は管理会社からの値上げ要請が増えており、修繕積立金では大規模修繕工事の費用が不足しがちです。

全国で〝赤字マンション〟が増加中

最近、管理会社から管理組合に対して、管理業務を引き受けるためのお金（業務委託費）を値上げしてほしいという申し出が増えています。

理由のひとつが人手不足です。すでに人口が減少し始めている日本では、どの業種、どの企業でも人材確保が大きな問題になってきています。

マンション管理業も同じで、担当者や管理員の採用が厳しくなってきており、それにともない人件費が上昇傾向にあります。政府による最低賃金の引き上げの影響もあるでしょう。

さらに、2019年10月から消費税が8％から10％に引き上げられました。これも業務委託費の値上げにつながります。

こうした社会情勢の変化による値上げはある意味、仕方がない面はあります。

しかし、本当にそれだけでしょうか。

管理組合の会計は大きく、管理費会計と修繕積立金会計の2つに分けられます。それぞれの会計で、支出と収入のバランスが崩れた〝赤字マンション〟が全国的に増えています。

管理費会計についていえば、上記のほか駐車場の空きが増えていることが影響しています。多くのマンションは駐車場使用料の一部を管理費会計に組み入れているからです。

修繕積立金会計についていえば、もともとの金額設定が低すぎるため、大規模修繕工事の費用が不足するということで値上げを迫られるケースが少なくありません。

本章では、こうした〝赤字マンション〟が生まれる背景と対応策について考えてみます。

図表40　増えつつある“赤字マンション”の構図

管理費会計の赤字

駐車場の空きが
増えたため、
駐車場使用料からの
組み入れ額が不足

＋

人手不足、人件費の
高騰等を理由に
管理会社から
値上げ要請

↓

**管理費
値上げ!**

修繕積立金会計の赤字

元々の
修繕積立金が低すぎて
大規模修繕工事の
費用を賄えない

＋

オリンピック需要などで
工事費が上昇

↓

**修繕積立金
値上げ!**

やむをえない理由もあるが、
元々の金額設定に
問題があることが多い

Q38

収支が〝赤字〟になっているなら、値上げするしかないんじゃないの？

そもそも分譲当初の管理費、修繕積立金の設定金額が適正だったのか。ほかにもさまざまな原因があり、一つひとつ確認すべきです。

新築時は売主、買主とも「負担は少なく」となりがち

管理費等の〝値上げ〟話について、多くの人が「必要なことなら仕方ない」と安易に認めているように思います。

しかし、〝赤字マンション〟が増えている背景には、さまざまな原因があります。

そもそも、マンションの管理費や修繕積立金の金額は、新築分譲時に売主の不動産会社（デベロッパー）が管理会社と相談しながら決めます。

具体的には、マンションの規模や設備、分譲価格などに応じて管理の内容や仕様を決め、あるいは向こう30年程度に必要と思われる修繕工事を拾い出し、それらのトータルの金額を各住戸の面積に応じて割り振るのです。

しかし、新築マンションの分譲に当たって、売主の不動産会社としては売れ行きが何より気になるところです。最近は地価や建設費の上昇で新築マンションの価格はどんどん上昇しており、各社とも少しでも買いやすくしたいということで以前よりさらに、管理費や修繕積立金を抑えようとしています。

例えば、管理費についていえば、駐車場使用料の多くを管理費会計に組み入れて〝下駄〟を履かせ、見かけ上は区分所有者の負担（管理費）を低くします。また、修繕積立金については将来、2〜3倍など大幅に引き上げる前提で、分譲当初の金額を低くします。

購入者のほうも、マンション購入を検討するに当たって、毎月、住宅ローンの返済がいくらになるのかということと同時に、管理費と修繕積立金の額が気になるものです。「少しでも家計の負担が少ないほうがいい」となりがちです。

こうして、分譲時にはどうしても売りやすさ、買いやすさが優

図表41　「赤字マンション」が生まれる原因は分譲時から始まっている

	売主（デベロッパー）や管理会社の問題	購入者（区分所有者）の問題
分譲時	重要 **・売りやすさ優先で、管理費と修繕積立金の額をなるべく抑えようとする** ・管理費については、駐車場使用料を管理費会計に組み入れて“下駄”を履かせる ・修繕積立金は、段階増額積立方式を採用し、当初の金額を低くする	・住宅ローンの返済分を含めた毎月の負担が少ないほうがいいと考えがち ・将来の修繕積立金の引き上げなどについて関心が薄い（気づいていない）
入居後	重要 **・管理組合の予算の見直しについてアドバイスしない（当初の予算のまま何も言わない）** ・大規模修繕工事の直前などぎりぎりになってから資金不足を言い出す	・管理については管理組合の役員と管理会社に任せっぱなし。自分は決められた金額を払えばそれでいいと思っている 重要 **・管理組合の予算は決まったものと考え、特に収支の改善などに注意を払わない**
見直しが必要になったとき	・抜本的な見直しの提案が出てこない（いままでの怠慢等を追及されるのをおそれて）	・区分所有者の間の合意形成や多数決に時間と手間がかかる ・素人でボランティアの役員には大きな負担となり、うまく進まない

**売主の不動産会社や、
管理会社とともに
購入者の責任も大きい**

先されてしまい、管理費、修繕積立金として本来、いくらが適切かという発想や視点が後回しにされるのです。

入居後にはびこる〝他人任せ〟病

マンションを購入した後にも問題があります。

新築時に売主の不動産会社が設定する管理費、修繕積立金の金額に問題があれば、区分所有者のみなさんは自分たち（管理組合）で見直しをしていいはずです。

しかし、多くの区分所有者はマンションの管理にさほど関心がありません。細かいことは役員や管理会社に任せておいて、自分は決められた管理費と修繕積立金を払っていれば、それで大丈夫と思っているのです。自分で積極的に管理費や修繕積立金の妥当性をチェックしようとする人は、ほとんどいません。

これは、管理組合の会計の考え方に原因があるともいえるでしょう。管理組合では毎年の定期総会で、前年度の会計の収支報告・監査報告を行いますが、そこでチェックされるのは予算通りだったか、数字は合っているかということだけです。

管理組合は企業のように営利を目的とするわけではなく、そのためどうしても、「予算通りの収入があり、予算通りに支出すればOK」となるのかもしれません。無駄な支出がないかチェックしたり、少しでも節約して収支を改善しようという動機が働きません。

少しずつ赤字になり、資金不足が進んでも、何かのきっかけがないと気づかないということになりやすいのです。管理会社の担当者も、わざわざそうした問題を指摘し、改善策を提案してくれたりはしません。

いよいよマズイという状況になって初めて、「管理費を値上げしないと赤字になります」「修繕積立金を引き上げないと工事資金が不足します」といったことを急に言ってきます。

さらに、赤字で大変だということが分かっても、管理組合ではすぐ手を打つことが難しいということがあります。

企業であれば、赤字になれば社長の号令一下、直ちに経費の削減や営業の強化などに着手するでしょう。しかし、管理組合はみんなほぼ平等という団体であり、仕組み上も理事長の判断だけで物事を進めることはできません。

現状を変えるにしても一つひとつ、総会の多数決で決める必要があります。管理費や修繕積立金を値上げするといっても、一定の時間をかけ、手続きを踏む必要があるのです。

仕事や家事を抱えながら、ボランティアで管理組合の役員を務めている人にとっては非常に負担が重く、「何とかしなければならない」と思っていても、任期切れとなってしまいます。次の役員にバトンタッチしても、同じことの繰り返しになりがちです。

「赤字マンション」の問題は構造的であり、こうした原因を一つひとつ確認し、対策を講じる必要があります。

Q39 管理費会計が〝赤字〟になる原因を整理するとどうなるの?

もともと割高な支出項目があることと、駐車場の空きが増えて管理費への駐車場使用料の繰入金が大幅に減っていることの2つが大きいと言えます。

分譲当初、管理会社の指名競争がないので割高に

管理費会計と修繕積立金会計を分けて、もう一度なぜ赤字になるのか整理しておきましょう。まず、管理費会計についてです。

新築分譲の当初、管理会社をどこにするかは売主の不動産会社が決めます。大手であれば間違いなく、自社の子会社や関連会社を選びます。指名発注であり、複数の管理会社で競争させるということがありません。その結果、管理会社に毎月、定額で支払う管理委託費が市場価格に比べて割高になりがちです。

そこで売主の不動産会社としては、先ほども触れたように販売戦略上、管理費の金額を抑えるため、敷地内に設置する駐車場の使用料を一部、管理費会計に回す前提で予算を組みます。場合によっては、駐車料金の半分以上を回すこともあるようです。

駐車場の使用料は、マンションの管理組合にとっては、区分所有者が支払う管理費や修繕積立金と並んで重要な収入源です。

ところが、最近はどのマンションでも駐車場の空きが増える傾向にあります。車を利用する必要性が低い都市部の駅近マンションだけでなく、郊外で駅から距離のあるマンションでも、区分所有者の高齢化などで車を所有する世帯が減っているためです。

結果的に、駐車場使用料から管理費会計に組み入れている金額が大きい場合、予定していた収入が入ってこないので、管理費会計が赤字になるのです。

そのほか、管理費や修繕積立金の滞納という問題もあります。国土交通省の『マンション総合調査』(平成30年度)によると、管理費・修繕積立金を3カ月以上滞納している住戸があるマンションは24・8%あり、築年数が古いマンションのほうが割合が高くなる傾向がありました。こうした原因が重なって、管理費会計が赤字になるのです。

図表42　管理費会計が赤字になる主な理由

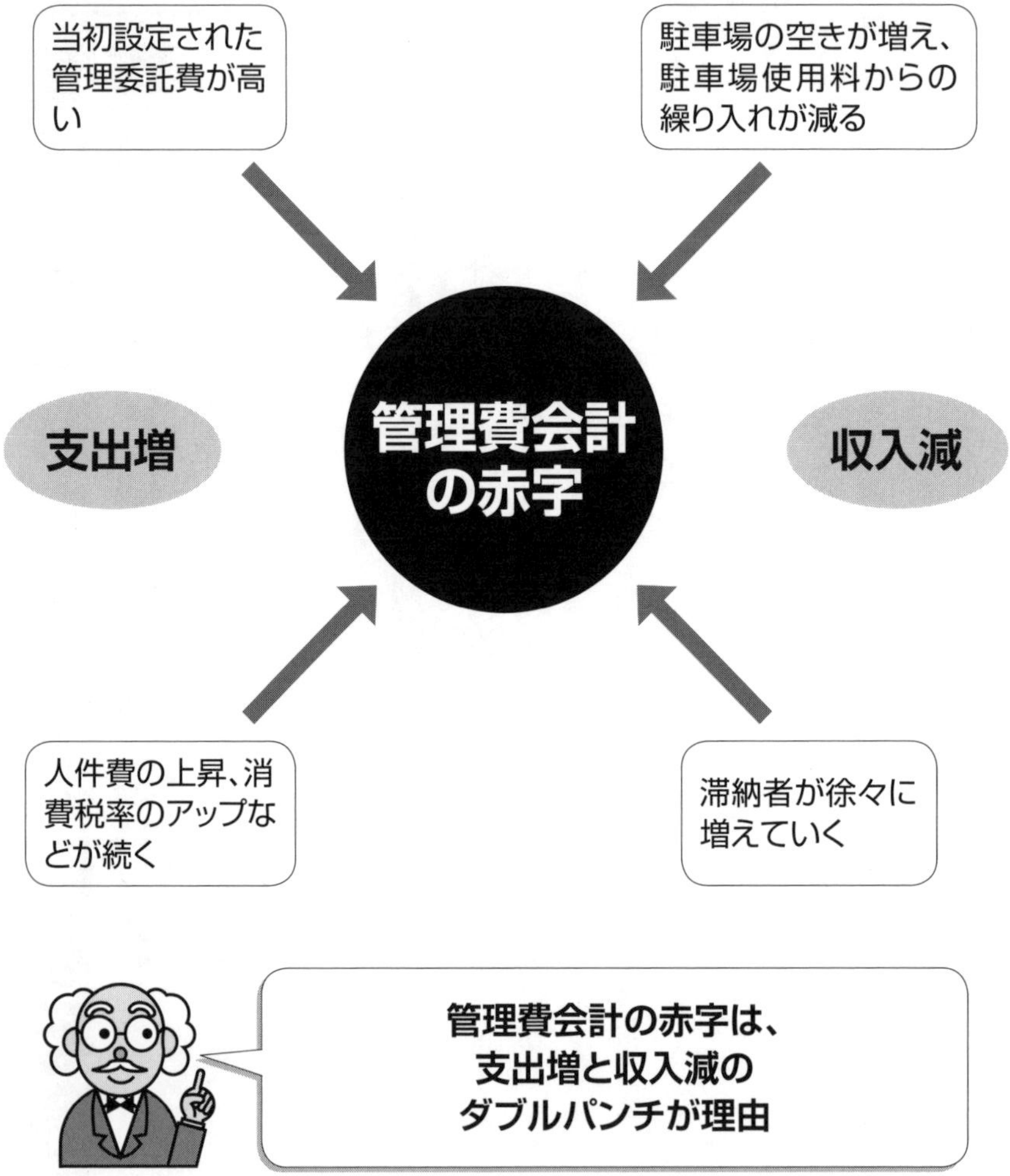
当初設定された管理委託費が高い
駐車場の空きが増え、駐車場使用料からの繰り入れが減る
支出増
管理費会計の赤字
収入減
人件費の上昇、消費税率のアップなどが続く
滞納者が徐々に増えていく
管理費会計の赤字は、支出増と収入減のダブルパンチが理由

Q40

管理会社に毎月払っている管理委託費の金額に目安はある？

項目別に、市場の相場と比較してみましょう。市場の相場は他社から見積りをとったり、コンサルティング会社に聞くと分かります。

市場の競争価格と比較する

管理会社に毎月、定額で支払うのが「管理委託費」です。その金額は、管理費会計からの支出の7割程度を占めます（ほかは共用部分の電気代、水道代、小修繕工事など）。

その内訳を見ると、91ページのように大きくは4つの大項目の費用があり、さらに細かい項目に分かれます。

例えば、「事務管理業務費」という大項目があります。ここには担当者のほか本社や支店の専門スタッフの人件費、各種システムのコストが含まれます。しかし、通常は合計で月額いくらとしか表示されません。中身がブラックボックスになりやすく、他社との比較などによって適正かどうかを判断するとよいでしょう。

「建物・設備管理業務費」は専門業者に外注する項目が多く、中でもエレベーターや機械式駐車場の点検費は金額に幅があります。

なぜなら、保守点検業務を行う会社には装置のメーカーやその系列会社と、独立系の保守点検会社があります。メーカーやその系列会社は安心感がある一方、金額は高くなりがちです。独立系でも現在、一般的な装置であれば業務品質に差はほとんどなく、コストを重視するなら有力な選択肢でしょう。

マンションにはほかにも消防や給水、変電などさまざまな設備があり、保守点検が法律で義務付けられているものが少なくありません。法定点検は通常、管理会社を通じて専門業者に頼んでおり、管理会社の手数料がプラスされています。そこで、管理組合が専門業者へ直接発注することで、金額を下げられる可能性があります。植栽管理や定期清掃などについても、管理組合として独自のネットワークを持っている場合、直接契約が可能かもしれません。

なお、私たちのこれまでの経験や情報をもとに、主な管理業務について目安金額を図表43に示しましたので、参考にしてください。

図表43　管理委託費の項目別の目安金額（消費税別）

項目	単位	目安金額	備考
管理員人件費（通勤方式）	1名当たり月額	**27万円**	通勤で週40時間勤務の場合
管理員人件費（巡回方式）	1名当たり週4日･3時間勤務での月額	**9万円**	清掃を主な目的とし、ゴミ収集日時に合わせて出勤
24時間遠隔監視費（機械警備）	月額	**3万円**	火災警報･非常通報･貯水槽の満水減水警報等を対象とした機械警備料
事務管理業務費	1戸当たり月額	**1500円**	一般管理費と管理報酬という項目がある場合はその合計
エレベーター保守点検費	1基当たり月額	**4万円**	フルメンテナンス契約、月1回の保守点検、14階建てまでの場合。高層は金額が高くなる
機械式駐車場保守点検費	1パレット当たり1回金額	**2500円**	2段または3段ピット式で20パレット以上の場合。年間委託費を年間保守回数で割り、さらにパレット数で割った単価。保守回数は年4～6回が一般的
消防設備点検費	1戸当たり年額	**4000円**	年2回実施。ガス感知器の有無など点検箇所により幅がある。地下駐車場に泡消火装置やハロン消火設備があると、目安金額は1戸当たり1万円を超える
建築設備点検費	1戸当たり年額	**1500円**	年1回実施。50戸のマンションで1戸当たり目安。戸数が多ければ安くなる
雑排水管清掃費	1戸当たり1回金額	**4000円**	2年に1回実施するのが一般的。管理費会計ではなく修繕積立金会計に計上されることもある
設備巡回点検費	1回当たり金額	**2万円**	給水ポンプの点検など。実施回数はマンションにより異なる

※マンションの規模、立地等によって幅がある。

Q41 管理委託費の見直しは、どう進めればいい？

ただ「安くしてくれ」といってもダメ。管理業務の実施状況などを確認し、また他社から見積りを取るなど手順を踏んで進めることが大事です。

割高な部分を下げるのが基本

現在の管理委託費が分譲時に設定された金額のままなら、人件費等が上がっているいまでも見直しできるケースがあります。

ただし、根拠も示さずただ単に「安くしてくれ」と管理会社に申し入れても、うまくいくはずがありません。管理会社がよく使うセリフは「一生懸命やっています」「これ以上は無理です」「管理の質に関わります」といったものです。最近はこれに加え、「人件費が上がっているので」ということもあるでしょう。

そして、総額の5％や10％といった感覚的な金額の見直しで妥協するケースが少なくありません。本当はいくらくらい割高だったのか分からないまま、うやむやのうちに決まってしまうのです。

管理委託費の見直しは、市場の競争価格と比較して割高な部分を下げるのが主な目的です。また、どんな業界でもそうですが、適正な利潤は必要であり、ギリギリのコストでは安定した業務を期待するのは難しいでしょう。「安かろう、悪かろう」となっては意味がありません。

管理委託費を見直すには、図表44のような手順で行います。

まず、現在の管理委託契約について、業務の範囲、仕様や金額をチェックし、割高な部分がないか確認します。

管理委託費は当初、売主である不動産会社が管理会社とともに、業務の範囲や仕様をもとに金額を設定しています。しかし、建物が完成前なので多くが仮であること、管理会社が社内で設定した基準単価をもとに積算することなどから、実際のコストとは差があります。それぞれのマンションの現状に合った業務内容、金額であるかどうか、チェックするのです。

そのためには、外部の専門家の意見を求めたり、ほかの管理会社から見積りを取るとよいでしょう。

図表44　管理委託費の見直しの進め方

事前準備が重要

ステップ1　現状の把握
管理委託契約書の内容、管理業務の遂行状況などを確認し、問題点を洗い出す

↓

ステップ2　相場の調査
ほかの管理会社の見積りやコンサルティング会社の無料査定を利用し、業務ごとの相場を知る

↓

ステップ3　見直しの要請
現状の問題点や相場などをもとに、現在の管理会社に管理委託費の見直しを要請する

↓

ステップ4　管理会社との交渉
見直し要請への管理会社の回答を踏まえ、交渉を進める。その際、管理会社の変更の可能性もカードとして利用する（管理会社の変更の可能性なしでは交渉にならない）

↓

ステップ5　区分所有者の意見集約
これまでの交渉の経緯や理事会としての考えなどについて、区分所有者に説明し、意見の集約を図る

↓

ステップ6　理事会の方針決定
現在の管理会社との交渉経緯や区分所有者の意見などをもとに、理事会としての方針を決定する

↓

ステップ7　組合総会での議決
管理委託費の減額、管理委託契約の再締結（あるいは管理会社の変更）などについて、管理組合の総会を開いて議決する

↓

ステップ8　契約の解除・締結
総会決議にもとづいて、既存の契約の解除と新たな契約の締結などを行う

管理会社との交渉では、専門家の力を借りることも有効

Q42

修繕積立金会計が〝赤字〟になる原因についてはどう？

分譲当初の設定金額が低すぎるほか、周期を何年置きと硬直的に考えがちなこと、大地震や大雨など自然災害も関係しています。

将来、段階的に引き上げる予定がほとんど

修繕積立金会計は、十数年置きに実施する予定の大規模修繕工事などに備えてあらかじめ費用を積み立てるものです。それが〝赤字〟になるというのは、積み立てる金額が不足しているということです。最大の原因は、先ほども述べたように分譲当初に設定された修繕積立金の金額が低すぎることです。新築マンションの売主である不動産会社は、販売戦略上、将来、段階的に引き上げることを前提に修繕積立金の金額をなるべく低く設定しているのです。

修繕積立金を将来、段階的に引き上げる必要があることについて、売主の不動産会社は購入者のみなさんに説明しているはずですが、多くの人はそんな話は耳を素通り。ほとんど覚えていないというケースが多いようです。

修繕積立金会計が〝赤字〟になる理由としては、将来の修繕工事の予定をまとめた長期修繕計画に漏れがあることもあります。向こう30年程度に想定される修繕工事を網羅しておくべきなのですが、意外に見落としがあったりして支出増となります。

また、分譲当初にアフターサービス（アフター保証）を利用して、不具合を適切に補修していないことも修繕積立金会計の〝赤字〟につながります。施工時の施工不良や不具合は本来、アフターサービスで無償補修しておくべきです。それがなされていないと、大規模修繕工事の際に補修することになり、管理組合にとっては余計な持ち出しとなってしまいます。

さらにいうと、大地震や大雨など自然災害の影響があります。自然災害で建物や設備が被災すると、修繕積立金を取り崩して補修工事を行わざるを得ません。その分、想定していたよりも支出が増えます。修繕積立金会計は、長期修繕計画の想定通りというよりむしろ、想定以上の黒字にしておくのが理想です。

図表45　修繕積立金会計が赤字になる主な理由

アフターサービスで無償補修すべき不具合や欠陥がそのまま放置され、修繕工事で直すことになってしまう
将来、段階的に値上げする前提で、当初の修繕積立金の金額設定が低い
支出増
修繕積立金会計の
赤字
収入減
急増中
大震災や風水害などで想定外の支出が発生する
長期修繕計画に項目などの漏れがある
いざ工事という段階で
資金不足に気づくことが多く、
手遅れになりやすい

Q43

修繕積立金会計の〝赤字〟は、どのように見直していけばいいの？

ひとつは、修繕積立金を算出するもとになる「長期修繕計画」を精査することです。もうひとつは、管理費の無駄を省いて、その分を修繕積立金に回すことです。

新築で入居したら、すぐ手を打とう

修繕積立金会計の〝赤字〟は、意外に気づかないものです。「分譲当初に設定された金額を支払っていれば大丈夫なのだろう」と多くの区分所有者がなんとなく思い込んでいるからです。

分譲から10年を過ぎ、そろそろ大規模修繕工事のタイミングという頃になって、管理会社のほうから「このままでは工事費が不足するので、修繕積立金を値上げする必要があります」といった提案が出てきて、驚くことになります。

対策としてはまず、修繕積立金を算出するもとになる「長期修繕計画」を精査します。工事項目に不要なものや抜けているものはないか、想定される工事費の単価や数量は妥当かなどチェックすると、意外に不備が見つかったりします。建築の専門家に頼む必要がありますが、どれくらい修繕積立金が不足する可能性があるのか、根拠をはっきりさせることは重要です。

次に、管理委託費の見直しを検討してみます。管理委託費で割高な項目などを見つけ、管理会社と値下げ交渉し、値下げできた分をそのまま修繕積立金会計に回すのです。

図表46は総戸数100戸のマンションを想定してのシミュレーションです。管理委託費の見直しにより、年間1800万円の管理費会計（1戸当たり月額1万5000円）を3割削減できたとすると、年間540万円が浮きます。

このマンションでは、修繕積立金が1戸当たり月額5000円とかなり低い想定ですが（29ページ参照）、管理費会計から540万円を繰り入れることができれば、年間の収入をほぼ倍増させることができます。結果的に、修繕積立金の値上げ幅をかなり圧縮することにつながるでしょう。基本的な対策の考え方として、参考にしてみてください。

図表46　修繕積立金の赤字対策のシミュレーション（戸数／100戸）

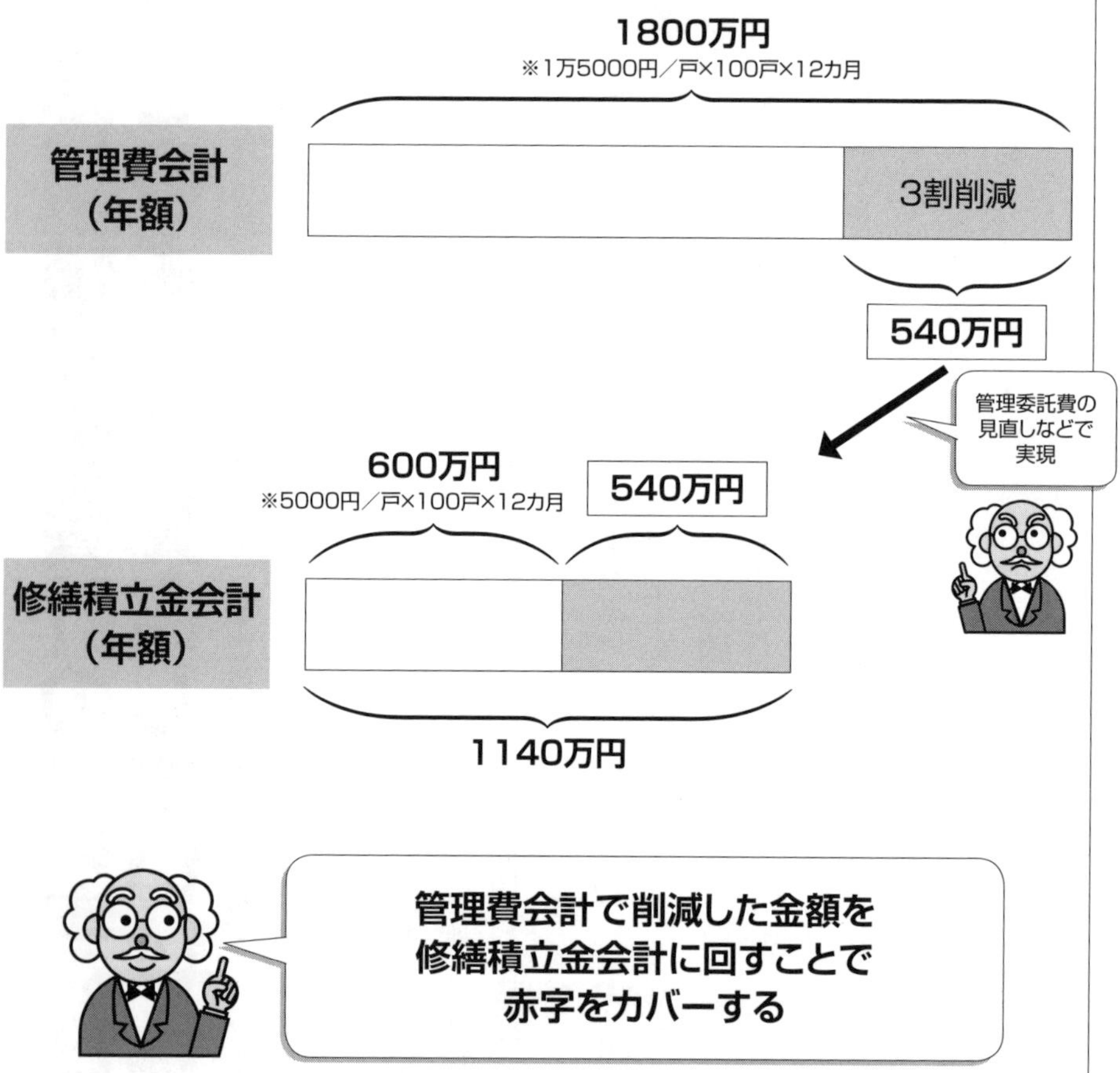

第6章

いざとなったら、管理会社の変更はこうして行いなさい！

Q44 管理会社の変更なんてできるの？

管理会社が新しく受託するマンションのうち2割近くが変更によるもの。最近は大手管理会社も積極的にアピールし始めています。

管理会社を変更するマンションは増えている

マンションの管理会社は新築分譲のとき売主である不動産会社がセットしており、みなさんが選んだわけではありません。

しかも、管理組合の役員は1～2年任期で交代するため、「いまの管理会社に任せておけばいい」という感じになっています。

しかし、管理会社の対応に問題があり、何度交渉しても改善されないような場合、管理会社を変更することができますし、実際、管理会社を変更するマンションは増える傾向にあります。

例えば、管理会社の業界団体のデータでは、管理会社が新しく受託するマンションのうち、中古マンションが全体の3割を占め、そのうち6割は他社管理マンション（管理会社の変更によるもの）です。全体の割合で見れば2割近く（3割×6割）になります。

また、大手の管理会社のホームページを見ると、ほとんどがトップページで、「マンション管理会社をお探しの方へ」といった表示をしています。これは、管理会社の変更を検討している管理組合やその役員に向けてのものです。そして、変更の手順やQ&A、自社に変更した管理組合の声などを掲載しています。

注目すべきは、これまで変更に力を入れてきた独立系の管理会社のみならず、デベロッパー系の管理会社、それも有名な大手でさえ、こうした情報を掲載していることです。

ただ、管理会社の変更はあくまで手段であって目的ではありません。私たちも管理会社の変更そのものを推奨しているわけではありません。

これまで当社が、管理組合の側に立って管理会社との交渉をサポートしてきた中で、管理会社の変更に至ったのは3割程度にとどまります。残り7割は同じ管理会社のまま、業務内容の見直しや管理委託費の引き下げで合意しています。

図表47　管理会社が新しく受託したマンションの内訳

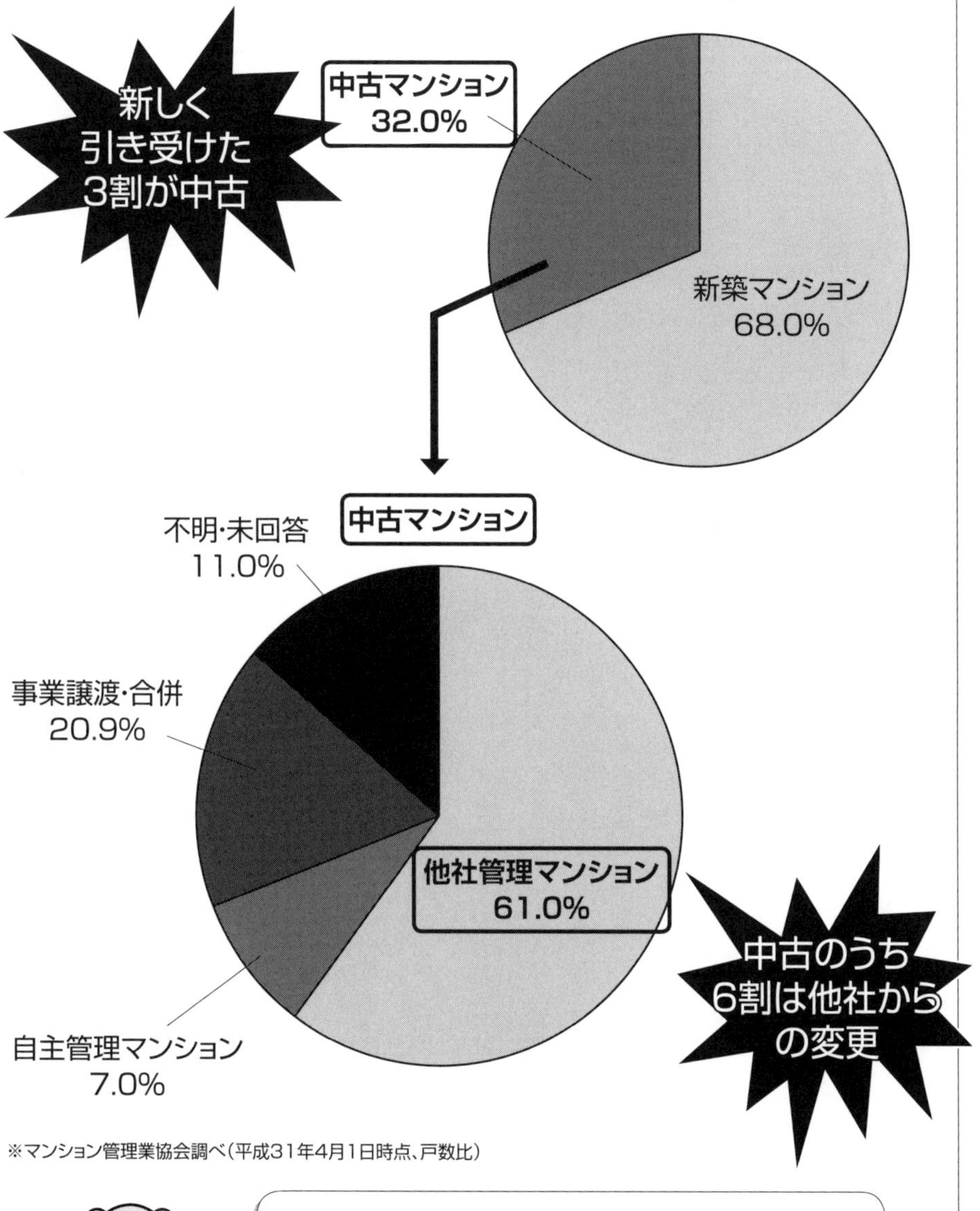

※マンション管理業協会調べ（平成31年4月1日時点、戸数比）

管理会社が新たに受託する
マンションのうち、約2割は
他社が管理するマンション

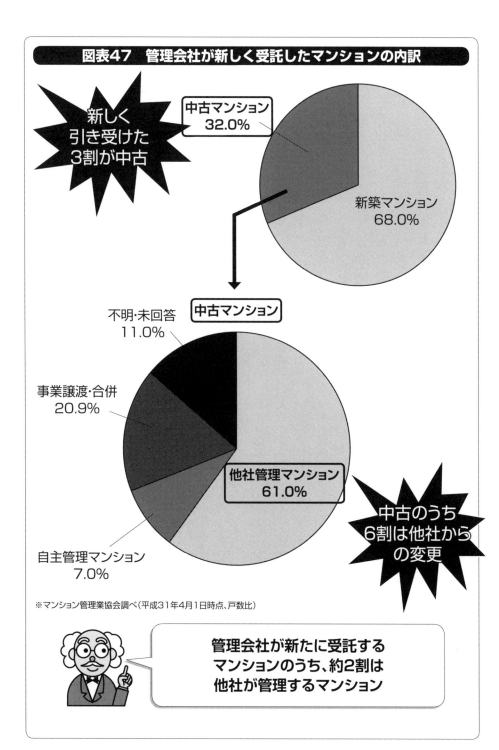

Q45 管理会社との契約はふつう何年？途中で解約できる？

契約期間は1年が多く、途中でも3カ月前に通告すれば解約できるのが一般的です。管理組合に不利な契約になっていれば見直しましょう。

1年更新のケースが多い

管理会社に管理業務を頼む場合、管理会社との間で契約を結びます。これを「管理委託契約」と呼びます。

管理委託契約の内容については基本的に、当事者である管理組合と管理会社の間の交渉で決めます。

ただ、国土交通省では区分所有者の参考のため、「標準管理委託契約書」を作成・公表しており、業界の標準になっているといってよいでしょう。ここでは、管理会社の変更と関係する契約項目を見ておきましょう。

まず、「契約期間」と「契約の更新」です。

「契約期間」について「標準管理委託契約書」には特に記載はありません。実際には1年契約というケースが多いのですが、3年でも5年でも可能です。とはいえ、素人集団の管理組合は管理会社に〝お任せ〟となりがちであり、長期契約はますますその傾向を助長します。基本は1年契約で更新していくのが望ましいでしょう。

「契約の更新」については、書面による申し出が基本です。「どちらかから申し出がなければ更新される」といった自動更新の規定は好ましくありません。長期契約と同じで、管理会社へのチェックが働かないまま、更新が繰り返される危険性があります。

そして、「契約の解除」は、まさに管理会社の変更に直接関係する項目です。「標準管理委託契約書」では、「少なくとも3カ月前に書面で解約の申入れを行う」ことで途中解約できるとしており、実際もそういうケースが一般的です。

もし、「管理会社の同意がないと解約できない」といった、管理組合に一方的に不利な内容になっているようなら、管理会社と交渉して見直すべきです。

図表48　「マンション標準管理委託契約書」の項目例

（管理事務の内容及び実施方法）

第3条　管理事務の内容は次のとおりとし、別表1から第4に定めるところにより実施する。

一　事務管理業務（別表第1に掲げる業務）

二　管理員業務（別表第2に掲げる業務）

三　清掃業務（別表第3に掲げる業務）

四　建物・設備管理業務（別表第4に掲げる業務）

（善管注意義務）

第5条　乙（※管理会社）は、善良なる管理者の注意をもって管理事務を行うものとする。

（契約の解除）

第18条　甲（※管理組合）及び乙は、その相手方が、本契約に定められた義務の履行を怠った場合は、相当の期間を定めてその履行を催告し、相手方が当該期間内に、その義務を履行しないときは、本契約を解除することができる。この場合、甲又は乙は、その相手方に対し、損害賠償を請求することができる。

2　甲は、乙が次の各号のいずれかに該当するときは、本契約を解除することができる。

一 乙が銀行の取引を停止されたとき、若しくは破産、会社更生、民事再生の申立てをしたとき、又は乙が破産、会社更生、民事再生の申立てを受けたとき

二 乙が合併又は破産以外の事由により解散したとき

三 乙がマンション管理業の登録の取消しの処分を受けたとき

重要

（解約の申入れ）

第19条　前条の規定にかかわらず、甲及び乙は、その相手方に対し、少なくとも三月前に書面で解約の申入れを行うことにより、本契約を終了させることができる。

（本契約の有効期間）

第20条 本契約の有効期間は、○年○月○日から○年○月○日までとする。

（契約の更新）

第21条　甲又は乙は、本契約を更新しようとする場合、本契約の有効期間が満了する日の三月前までに、その相手方に対し、書面をもって、その旨を申し出るものとする。

2　本契約の更新について申出があった場合において、その有効期間が満了する日までに更新に関する協議がととのう見込みがないときは、甲及び乙は、本契約と同一の条件で、期間を定めて暫定契約を締結することができる。

契約の途中でも
3カ月前に申し入れれば
解約できるのがふつう

Q46

管理会社の変更のきっかけになるのは、どんなこと？

一番多いのは、担当者や管理員の動きが遅かったり、対応が悪かったり、やるべきことをやってくれない、というケースです。

管理委託費の値上げがきっかけになることも

管理会社の変更は多くの場合、管理会社に対するクレームや不満、不信が積み重なって起こります。

管理会社に対するクレームで最も多いのは、担当者や管理員の動きが遅かったり、対応が悪いということでしょう。

担当者については、理事など役員から声が上がるのがほとんどです。理事会の議事録が1カ月経っても出てこない、依頼したことがなかなか処理されていない、発言がコロコロ変わる、といったことです。

管理員の動きは一般の区分所有者にも目につきやすく、廊下やエントランスにゴミが落ちている、汚れが目立つ、勤務時間中に新聞を読んだりスマホを触ったりしている、といった指摘が出てきます。

担当者や管理員の動きや対応以外にも、管理委託費の見直しが変更のきっかけになることも少なくありません。どうも管理委託費が高いのではないかということで管理会社と見直しの交渉をしても、「一生懸命やっています」「管理の質が下がります」などといった返事しか出てこないと、「それなら」となるのです。

最近は、管理会社から管理委託費の値上げを申し入れられたのをきっかけに、管理会社の変更を検討することもあります。

このようにさまざまなクレームや不満、不信が管理会社変更のきっかけになるわけですが、それではクレームや不満が少ないマンションは管理レベルが高いかというと、そんなことはありません。本来、改善すべき問題が見過ごされている可能性があるからです。

むしろ、不満の多いマンションのほうがいろいろな問題に敏感で、管理のレベルが高くなる可能性があると思います。

図表49　管理会社に対するクレームや不信の例

管理員の対応	・廊下やエントランスにゴミが落ちていたり、汚れが目立つ ・勤務時間に新聞を読んでいたり、スマホを触っていたりする ・日常の挨拶などがきちんとできない ・区分所有者と私的な会話をしている ・何か問題があったとき、独断で処理している
重要 **担当者の対応**	・管理組合と理事会に対する助言や支援がない ・理事会の議事録がなかなか出てこない ・言ったことをすぐやってくれない ・前の発言と違ったことを平気で言う
重要 **管理会社の対応**	・担当者がコロコロ変わる ・担当者に任せっぱなしで、会社としてのサポートがない ・総会での意見や質問に対する回答がない ・問題の改善申入れに対し、担当者の上司がやってきて高圧的な態度をとる ・突然、修繕積立金が不足していると言ってくる ・管理委託費の大幅な値上げを申し入れてくる
管理委託費の妥当性	・見直しを申し入れても、きちんと対応してくれない ・管理委託費のうち定額部分の内訳を示さない ・根拠も示さず「見直すと管理の質が下がる」と言う
建物や設備の不具合	・原因の調査を依頼しても時間がかかる ・親会社である売主との交渉を依頼してもなかなか進まない ・なんだか売主の側に立つような言動も見受けられる
修繕工事	・見積書だけで提案してくる ・管理会社として工事に対する見解がない ・工事の仕上がりがいい加減 ・相見積りを依頼しても出てこない ・緊急度の高くない工事をしつこく勧めてくる
その他	・管理費等の滞納者へきちんと対応してくれない

管理会社への不満は、
マンション管理に対する
住民意識の高さの表れ

Q47 管理会社を変更すると、マンションの価値が下がるんじゃやないの？

管理会社を変える理由は、担当者の対応などが悪く、マンションの価値が下がりかねないからです。

管理会社の名前で中古価格が下がることはない

管理会社の変更に対して、よくある疑問が「なぜ変える必要があるのか？」というものです。

これまで問題がないのに変更しようというのは、何か理事会や役員に思惑があるのではないかと思われるのかもしれません。

また、「このマンションを購入するとき、売主の系列の管理会社だから安心だと思って買った」という声も大手や財閥系のマンションでよく聞きます。

そもそも、「マンションの価値が下がる」とはどういう意味でしょうか。

一番分かりやすいのは、中古市場において売却しようとした際、管理会社が売主の系列かどうかで成約価格が下がるということでしょう。しかし、本当にそんなことがあるのか、不動産仲介会社に聞いてみるとよいと思います。

中古マンションの購入を検討している人がなによりも気にするのは、エリア、交通の便や駅からの距離、住環境といった立地条件です。続いて、住戸の向き・眺望・間取り、築年数、設備機器などが続きます。そのほか最近は、タワーマンションのようなランドマーク性も重視されています。

一方、管理については、共用部分の清掃や整理整頓などをきちんとしているかどうかは確かに現地見学の際などのポイントになります。しかし、「管理会社によって選ぶ」などという購入者はほとんどいません。それよりは、管理会社の変更で毎月の管理費等が下がり、かつ管理組合の会計が黒字で十分な修繕積立金が確保されているほうが評価されるはずです。

図表50　中古マンションの価値を左右する主な要因

立地

最寄り駅から徒歩圏（できれば10分以内）の人気が高い

住戸の向き・眺望・間取り

基本的に南向きで眺望がよく、使いやすい間取りの人気が高い

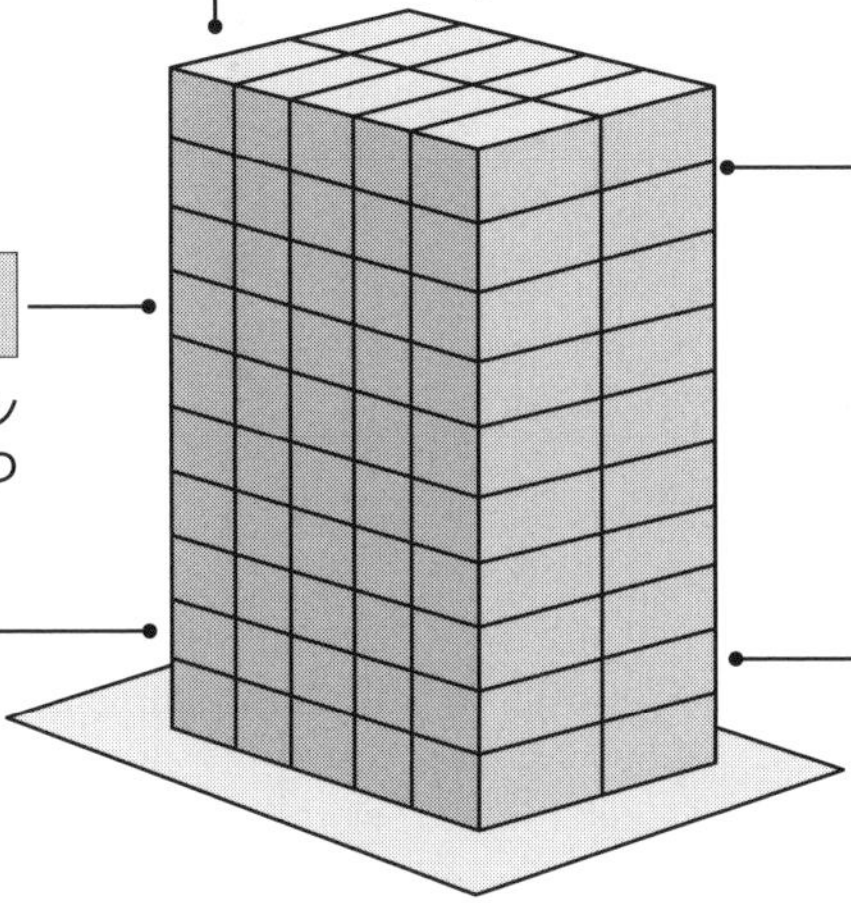

築年数

築20年を超えると、徐々に人気が下がる傾向が見られる

ランドマーク性

駅直結のタワーマンションなど周辺で目立つ物件は人気が高い

管理組合の財務状況

修繕積立金の不足や未収金の額を気にする買主が増えている

共用部分の清掃や整理整頓の状況

ゴミや汚れが目立つようだと人気の点でマイナス

管理会社の名前でマンションを選ぶ人は全くと言っていいほどいない

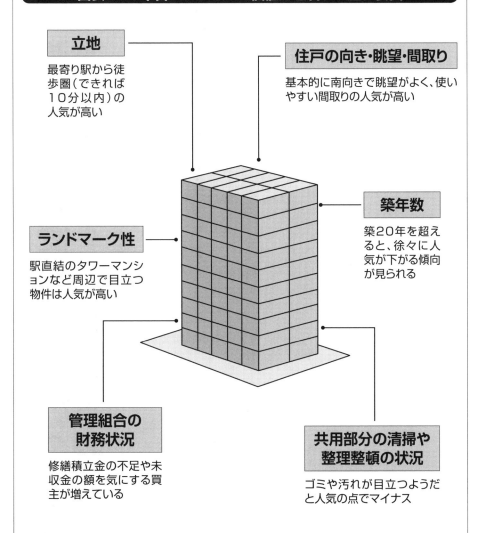

Q48

管理会社を変更するといっても、次の会社はすぐ見つかるの？

いまやほとんどの管理会社は変更に対応するようになっています。むしろ、どこを候補として絞り込むかが大事です。

自分たちに合った管理会社を見つけること

変更先の管理会社について、情報を集めることはそう難しいことではありません。インターネットで調べると、多くの管理会社が変更への対応を謳っています。あるいは、マンション管理の業界紙では、無料で管理会社募集の情報を掲載してくれます。

むしろ難しいのは、どの管理会社を候補として絞り込むかです。管理組合の役員は仕事や家事があり、10社も20社も管理会社と連絡を取って、変更手続きへの参加を依頼するといった作業を進めるのは非現実的です。

私たちがいつもお勧めしているのは、10社ほどピックアップし、そこから3～4社に絞り込むことです。ピックアップする10社には、受託戸数の多い上位数社のほか、戸数がさほど多くないマンションの場合は地元に本社や支店のある中堅クラスも加えるとよいと思います。そこから、問い合わせへの対応などを見て絞り込みます。大手管理会社は、戸数の少ないマンションの管理にはあまり積極的に対応しない傾向もあるからです。

管理会社の変更で大事なのは、世間で良いといわれている管理会社、人気のある管理会社を探すことではなく、自分たちのマンションに合った管理会社を見分けることです。

なお、管理会社の変更においてインターネットは重要な情報源となりますが、掲示板などにはいろいろな書き込みがされています。基本的に匿名での書き込みは信憑性が低く、鵜呑みにするのは危険です。管理組合の役員をやったことのある知人や、マンション管理業界に詳しい人などの話を聞いて、突き合わせてみるほうがいいと思います。

図表51　変更先の管理会社の探し方・絞り込み方

インターネットや雑誌等で候補となりそうな管理会社を探す

↓

規模、実績、営業エリアなどをもとに10社ほどをピックアップする

業界紙に管理会社を募集している旨を掲載してもらう(無料)

↓

関心を持った管理会社から応募書類の提出がある

↓

問い合わせへの対応などで本気度を見ながら理事会で**3〜4社に絞り込む**

↓

役員によるヒアリングや区分所有者向けの説明会などを経て、理事会で**1社に絞る**

アンケートなどで区分所有者の意見も聞くとよい

↓

最終的には、管理組合の総会に議案を諮り、**過半数の賛成によって承認**する

本気の管理会社は担当者が熱心でレスポンスも速い

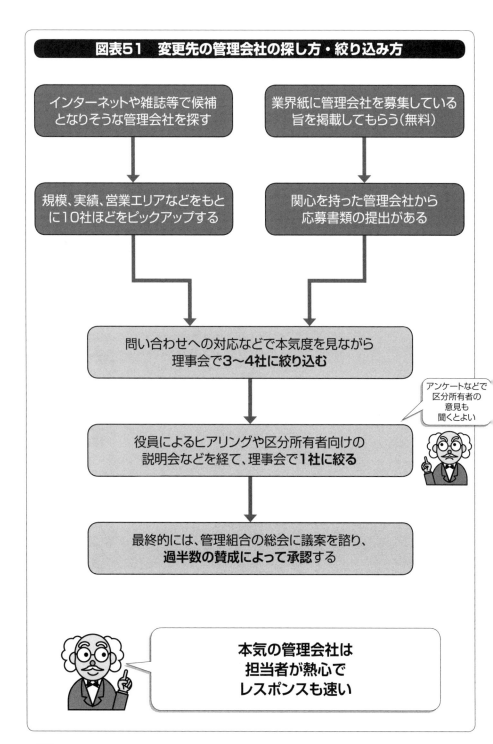

Q49

管理会社の変更は、どんな手順で進めればいいの？

「変更ありき」ではなく、現状の問題を区分所有者に広く知らせ、どうすればいいのかという選択肢のひとつとして検討していくのがいいと思います。

現状と同じ条件で、まずは見積りを取る

管理会社の変更の手続きは、図表52のような流れで進めます。

まず、現状の契約内容や業務の実施状況、あるいは管理会社に支払っている管理委託費の妥当性などをチェックします。契約内容によってはその後の手順が違ってきますし、交渉材料として管理会社の手抜きやミスがないか調べる必要もあります。理事会だけで行うのが難しい場合は、第三者の専門家を活用すると良いでしょう。並行して、区分所有者に管理会社の変更を検討している理由やこれまでの経緯について、丁寧に説明します。アンケートを実施し、意見を聞き、問題を共有することも重要です。

変更先の候補を探すには、先ほど説明したようにインターネットで調べたり、業界紙を利用する方法があります。また、コンサルティング会社など第三者の専門家に依頼し、推薦してもらうのも効率の面で良いでしょう。

その後、見積りを取得します。ここで大事なことは、現状の業務仕様と同じにすることです。これによって、合計金額だけでなく、項目ごとに各社の見積金額を客観的に比較できるようになります。また、この段階でいまの管理会社にも見積りを取り、どれくらいまで下げられるのか、再度確認します。

こうした情報が揃ったら、区分所有者向けの説明会を行います。各社の担当者に自社の強みや特徴をアピールしてもらうのです。そして、参加者の意見をアンケートで確認し、理事会で変更するかしないか、するとしたらどの管理会社にするかの方針を決定し、総会にかけます。

管理会社の変更はより良い管理を実現するための手段であり、最初から「変更ありき」で進める必要はありません。変更の可能性を交渉の手段に使えばいいのです。

図表52　上手な管理会社変更の進め方

ステップ1	現状の把握	管理委託契約書の内容、管理業務の遂行状況、管理委託費の妥当性などをチェックし、管理会社変更に向けた方針を理事会でまとめる
ステップ2	区分所有者へのアンケート	各区分所有者に対して、現状の問題点と管理会社変更についての方針を伝えるとともに、アンケートで意見を確認する
ステップ3	変更先の候補（複数）の選定	ほかの管理会社数社に声を掛けて説明を聞き、変更先の候補として3～4社に絞り込む
ステップ4	見積りの取得	絞り込んだ各社から見積りを取得する。**見積りにあたっては比較しやすいよう、現状と同一の業務仕様を前提とする**（重要）
ステップ5	説明会の開催	区分所有者向けに現状の管理会社と変更先の候補会社によるプレゼンテーションをしてもらう。終了後には再度、アンケートを行う
ステップ6	理事会の方針決定	理事会として、候補会社の中から1社に絞り込む
ステップ7	総会	総会を開催し、管理委託先の変更を決議する（過半数の賛成で可決）
ステップ8	解約通知	いまの管理会社に内容証明郵便で解約を通知する（通常、解約通知から3カ月で解約）
ステップ9	新会社との契約	新しい管理会社と管理委託契約を結ぶ

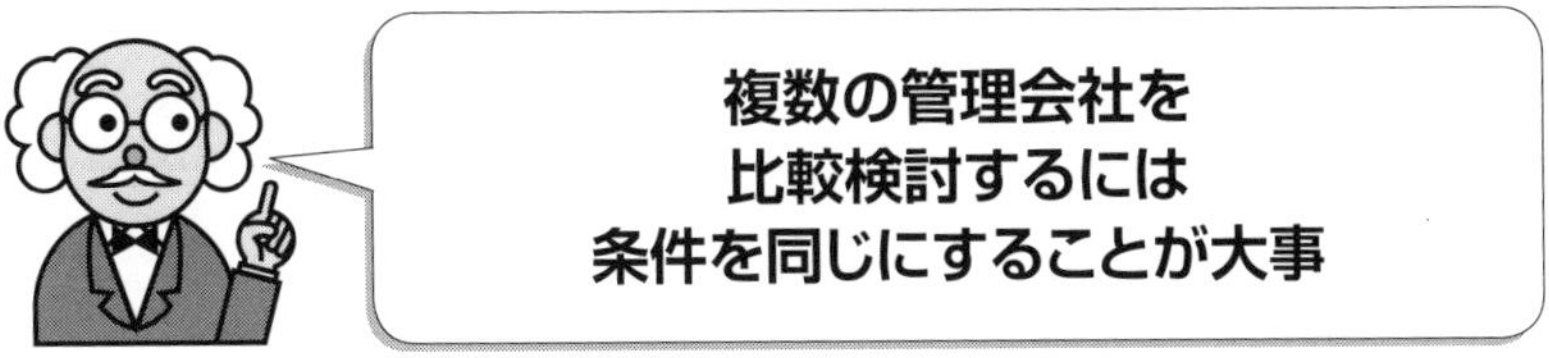
複数の管理会社を
比較検討するには
条件を同じにすることが大事

Q50

管理会社の変更に反対する人がいたら、どうすればいいの？

変更に至った経緯や理由を丁寧に説明し、オープンに議論しながら、最終的には組合総会で賛否を問います。

組合内の合意形成は慎重に進める

管理会社の変更を行う上でおそらく一番難しいのは、管理組合としての合意形成です。

全員賛成というのは難しく、慎重派や反対派がいるものだという前提で準備を進めるほうがいいでしょう。

そして、反対する人や慎重論を唱える人の意見にも配慮する必要があります。人間は現状が変わること自体に不安を感じるものです。中には、現状の管理会社のシンパや関係者がいるかもしれません。

そういう人たちを無視したまま手続きを進めると、区分所有者の間に感情的なわだかまりができたり、極端なケースでは反対派や慎重派の人たちが役員になってひっくり返すこともありえます。

管理会社の変更の検討に至った理由、経緯をしっかり説明し、適切な手続きを踏むことで一人でも多くの理解を得ることが欠かせません。反対派の中にも、時間をかけて説得したり、区分所有者の多くが変更もやむを得ずという雰囲気になると、考え方を変える人もいます。

決めるべきときは毅然と決める

合意形成は慎重に進めるとしても、最終的には理事会で変更先の管理会社（候補）を決め、総会に議案として上程し、過半数の賛成が得られれば変更が決定します。

その際は、区分所有法や管理規約に沿って、粛々と手続きを進めることが重要です。理事長はじめ役員には、しっかりした覚悟が求められます。

図表53　管理会社の変更で注意すべきポイント

ポイント1　現状の変更には、一定の抵抗や反対は避けられない

ポイント2　反対派が感情的になっても、冷静に対応する。感情的な対立は状況を複雑にするだけである

重要
ポイント3　**反対派の意見にも耳を傾けつつ、アンケートや説明会などを行い、丁寧な合意形成を心掛ける**

重要
ポイント4　**議論の前提となるさまざまな情報を集め、「なぜ変更が必要なのか」「次はどの管理会社がいいのか」などについて説得力のある理由付けとストーリーを組み立てる**

ポイント5　慎重かつ丁寧に準備を進めつつ、理事会や総会での決議など決めるべきときは法律や規約に則って粛々と手続きを進める

ポイント6　最近は減ったが、管理会社の妨害にも注意する

管理組合では何事もオープンに議論し、最後は多数決で決める

Q51 新しい管理会社が、ちゃんとやってくれる保証はあるの？

新しい管理会社であろうと、いまの管理会社であろうと、管理組合が業務などをチェックすべきです。そのための仕組みが大事になります。

管理組合としてチェックが必要なことは同じ

きちんと手続きを踏んで選んだ変更先の管理会社についても、お任せであってはうまくいきません。

何度も言うようですが、マンション管理を行う主役は管理組合です。管理会社を選ぶのも、その業務をチェックするのも、最終的には管理組合の責任です。

変更後の管理会社についても、管理組合が主体性を持って監督し、問題があれば適宜指示したり改善を要求したりしなければなりません。

新しい管理会社にしっかり業務を行ってもらうため、例えば変更の条件として、担当者にはエース級を投入してもらうことを要求するといいでしょう。実際、変更当初は引継ぎで課題が多く、エース級でないと処理できないこともあります。

また、管理委託費については、基本的に契約期間内は値上げされませんが、将来どれくらい値上げを我慢できるか、確認することも重要です。

問題があれば再度の変更も

さらに、変更した管理会社に問題があれば、再度の変更も視野に入れます。契約満了で切り替えてもいいですし、契約途中でも3カ月前に文書で解約を通告すれば問題ありません。場合によっては、前の管理会社に戻すことももちろん自由です。

管理組合にとって、管理会社の変更はいまやごく当たり前の選択であることを知っておきましょう。

図表54　変更後の管理会社との付き合い方

ポイント 1　前の管理会社との引継ぎがきちんと行われているか確認する

ポイント 2　切り替え当初は、担当者だけでなく上司にもサポートに入ってもらう

ポイント 3　そのほか、事前の交渉や管理委託契約で約束したことをきちんと履行しているか確認する

お勧め

ポイント 4　**変更当初は第三者の専門家によるチェックを活用する**

ポイント 5　万が一、問題があるようであれば再度の変更も検討する

新しい管理会社の担当者には
エース級に来てもらうなど
要求してみよう

第7章

マンションの修繕工事は「言われるまま」「予定通り」に行ってはいけない！

Q52

「修繕工事」は、なんのために行うの？

マンションの建物や設備は年とともに劣化します。それを定期的に直すのが修繕工事です。ほかにも、補修工事、改良工事などがあります。

目的によって工事の名称が異なる

マンションは鉄筋コンクリートでできていて、耐久性は木造の建物などより高いとされます。しかし、経年とともに劣化していくことは否めず、定期的な手入れが必要です。また、マンションにはエレベーターや給水ポンプ、機械式駐車場、インターホンなど大掛かりな設備が多く、これらも経年とともに劣化するので、メンテナンスや部品の交換などが必要になります。

このように、建物や設備の劣化を計画的に直し、新築時と同等の状態に戻すための工事を「修繕工事」といいます。具体的には屋上防水、外壁補修、鉄部塗装、配管交換などがあります。

「修繕工事」のポイントは、建物や設備の部位別に、劣化の状況に応じて適切に行うということです。工事費については、あらかじめ修繕積立金を集めて準備しておきます。なお、一定の修繕工事をまとめて行うことを「大規模修繕工事」と呼びます。

マンションでは「修繕工事」のほかにも、目的に応じて建物や設備について工事を行います。「補修工事」は、突発的な損傷や不具合を直す工事です。小規模で費用もさほどかからないものについては、管理費会計から支出するのが一般的です。また、分譲当初の不具合については、アフターサービス（56ページ、190ページ参照）で売主に無償補修してもらいます。

「改良工事」は、時代の変化や設備機器の進歩などを踏まえ、分譲当初より性能やグレードをアップするため行う工事です。例えば、エントランスをオートロックの自動ドアにしたり、階段しかないマンションにエレベーターを新設したりするケースがそうです。同じ部位の「修繕工事」と一緒に行うこともあり、その場合は「改修工事」と呼んだりします。

こうした工事により、住み心地や資産価値が維持されるのです。

図表55　建物や設備のメンテナンス・手入れに関わる工事の種類

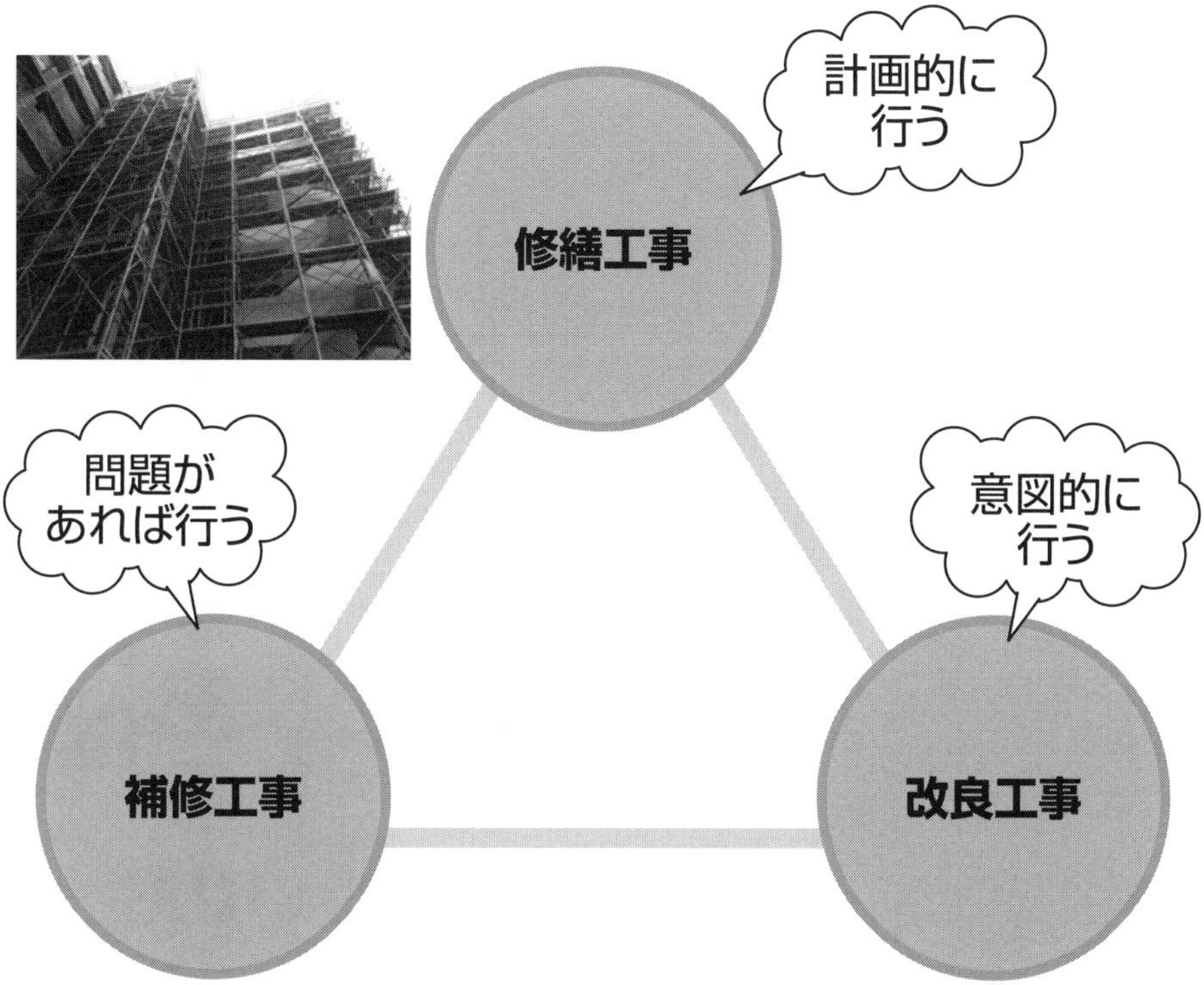

修繕工事	建物や設備の劣化状況に応じて行い、分譲時の状態に戻す。工事費はあらかじめ修繕積立金として準備する
補修工事	建物や設備の不具合を直す
改良工事	マンションに新たな機能や性能を付け加える。「バリューアップ工事」と呼ぶこともある。修繕積立金でまかなうことが多い

※「修繕工事」と「改良工事」を合わせて「改修工事」と呼ぶこともある。

Q53

「補修工事」には、どんなものがあるの？

新築当初の初期不良を直す工事と、その後の経年劣化によって起こる突発的な不具合を直す工事があります。

初期不良は売主のアフターサービスで無償補修を

マンションの工事には前述のように、大きく分けて「修繕工事」「補修工事」「改良工事」がありますが、ここでは「補修工事」をもう少し詳しく見ておきましょう。

「補修工事」は建物や設備の不具合等を直すもので、主なケースとしては2つあります。ひとつは、新築当初の施工不良や不具合、いわゆる「初期不良」です。マンションは、多くの専門職が主に屋外で作業し、造り上げます。工場生産される自動車や家電製品に比べ、明らかな欠陥というほどではないものの、本来の機能や性能が発揮されない不具合が起こりやすいのです。

こうした初期不良に備えて、売主の不動産会社では通常、アフターサービスを付けています。引渡しから一定期間内に建物や設備に不具合があった場合、原因や理由を特定できなくても、売主が無償で補修するというものです。

つまり、新築マンションはアフターサービスによる補修工事を経てはじめて完成品の状態になるのです。アフターサービスによる補修工事（無償）をきちんと行わないと、新築時の不具合（初期不良）がそのまま残り、本来、管理組合が負担する必要のないコストを払わなければならなくなるおそれがあります。

「補修工事」のもうひとつのケースは、建物や設備の経年劣化や自然災害などによる故障、不具合です。「修繕工事」も経年劣化を対象としますが、その目的は分譲時の状態に計画的に戻すことです。それに対し、このケースの故障や不具合は突発的なものが中心です。

また、軽微なものもあり、そのときは「小修繕」と呼んだりします。費用も毎年の管理費会計で予算を組んでおき、必要に応じて支出するのが一般的です。

図表56　補修工事の原因による分類

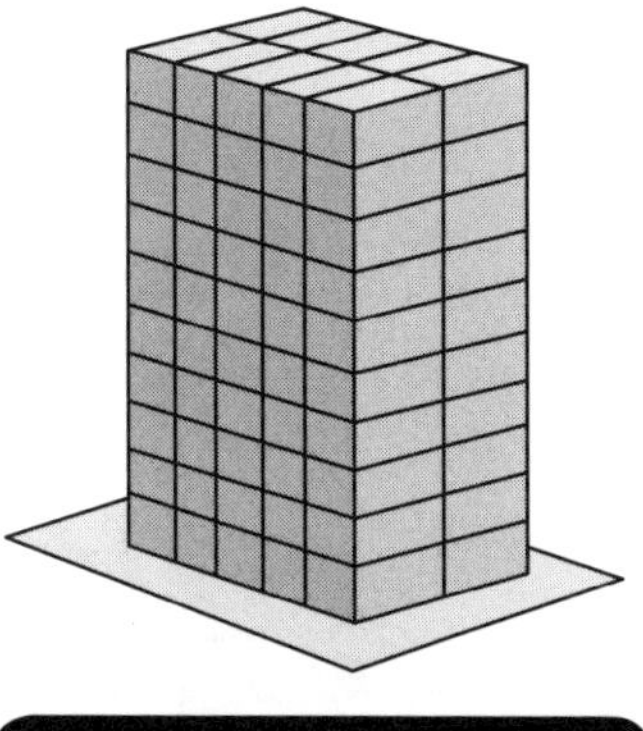

補修工事

初期不良

新築当初の施工不良や不具合が対象。売主が用意している **重要** **アフターサービス（無償）** を利用して行う。放っておくと、将来の修繕工事や建物の寿命にも影響しかねない

経年劣化・自然災害

経年劣化や自然災害による建物・設備の不具合や損傷を直すもの。軽微な「小修繕」は毎年の管理費会計に予算を計上しておき、必要に応じて支出する

**補修工事の前提として
アフターサービスで
初期不良を直しておく**

Q54

「修繕工事」には、どんなものがあるの？

屋上やバルコニーの防水のやり直し、外壁の補修、鉄部の再塗装、給排水管の手入れ・交換など、主な項目はどのマンションもほぼ同じです。

いくつか修繕工事をまとめて行うのが「大規模修繕工事」

先ほども述べたように、「修繕工事」は建物や設備の部位別に劣化をあらかじめ想定し、分譲時の状態や性能を回復するため、計画的に行う工事です。工事費についてもあらかじめ想定し、修繕積立金を集めて準備しておきます。

具体的には、屋上防水、外壁補修、鉄部塗装、配管交換などがあります。これらの部位ごとに、使用している材料や工法の耐用年数などを参考に、工事の予定や、やり方を想定しておくのです。

ただ、マンションによって構造や設備は異なり、修繕工事の対象となる部位や範囲、工事のやり方なども違ってきます。修繕工事はこうした違いをきちんと踏まえていることがとても重要です。

想定される工事の周期は、部位によって異なります。短いものとしては「鉄部塗装」があり、3～5年程度が目安です。屋上防水や外壁補修はおおむね12～15年が目安といわれています。

もっと周期が長いものとしては、インターホンの交換が15年程度、エレベーターや機械式駐車装置の入れ替えが25年程度、給水管や排水管の交換は30年程度といわれます。

修繕工事はどれも大掛かりで、費用がかなりかかります。また、工事中はマンションでの日常生活に影響が出ます。そこで、周期の近い修繕工事をまとめて一緒に行うほうが合理的です。特に、外壁に足場をかける必要がある屋上やバルコニーの防水と外壁補修を同時に行うのが「大規模修繕工事」と呼ばれるもので、おおむね12～15年の間隔で実施されます。

なお、大地震や風水害などの災害によって建物や設備に大きな被害が発生した際、復旧のための工事が必要です。これも一種の修繕工事といえ、修繕積立金会計から費用を出すことになります。あらかじめ積立てに余裕を持っておくことが望ましいでしょう。

図表57　修繕工事の対象と分類

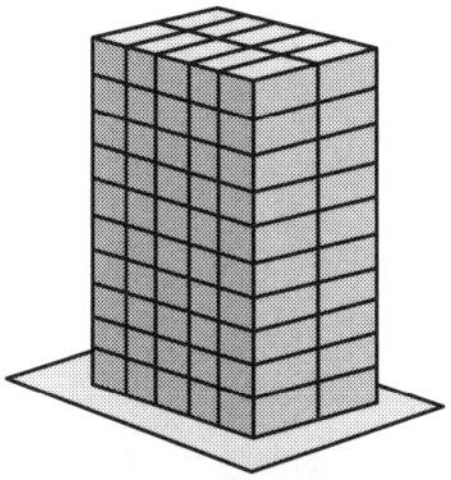

修繕工事

- **屋上防水**（12〜15年が目安）
  屋上などの防水層を直したり新しくしたりする
- **外壁補修**（12〜15年が目安）
  傷んだタイルを貼り替えたり、塗装をし直したりする
- **鉄部塗装**（3〜5年が目安）
  柵、扉、支柱などの鉄部の塗装をし直す
- **配管交換**（30年〜が目安）
  給水管のサビ、排水管の詰まりなどを直し、また交換する
- **その他**
  インターホン、機械式駐車装置、エレベーター等の部品交換や入れ替え

屋上防水〜配管交換 → **大規模修繕工事**

12〜15年くらいの周期でまとめて行う

災害復旧工事

風水害や大地震によって建物・設備に大きな被害が発生した際の復旧工事

修繕工事は
対象となる箇所ごとに
計画を立てて行う

Q55

「改良工事」は、どんな目的で行うの？

建物の工法や設備機器については、年々新しいものが開発されています。そうしたものを取り入れ、耐久性や住み心地をアップさせるために行います。

マンションの価値をアップするのが「改良工事」

「修繕工事」が建物や設備を分譲当初の状態に戻すことを目的とするのに対し、「改良工事」は住み心地や資産価値をより高めることが目的で、「バリューアップ」などとも呼ばれます。修繕工事の費用に多少プラスしたり、予定されていた工事費を節約することでコストを賄えるのであれば、十分検討に値するでしょう。

例えば、インターホンの取り替え工事は15年程度で行いますが、新築時はモニターなし（音声通話のみ）だったものをカラーモニター付きにすることが考えられます。あるいは、共用部分の照明はかつて蛍光灯が一般的でしたが、いまは省エネで長寿命のLEDが普及。照明器具と一緒にLEDに取り替えることがあります。

左ページ上の例は、階段と袖壁をタイル貼りにしたケースです。一般的なマンションでは、共用廊下や非常階段（鉄筋コンクリート造りの場合）の床はモルタルのたたきや塩化ビニルシート敷きで、壁は吹付タイルというケースがよくあります。こうした床や壁は「修繕工事」では新築時の通りシートを敷き替えたり、塗り替えたりすることになりますが、見栄えはあまり変わりません。

それに対し、床にタイルを敷いたり、壁に化粧タイルを貼ると、印象が変わり、資産価値を高めることにもつながります。

初期費用はかかりますが、修繕工事の周期が延びるので、長期的に見れば吸収可能でしょう。

もうひとつの例は、約12㎡の談話室を改装し、トランクルームを10区画設置したケースです。もともとは打合わせスペースでしたがほとんど使われていなかったので、収納スペースに転用したものです。工事費は200万円ほどかかりましたが、メンテナンス費用はほとんどかからず、使用料によって6年程度で工事費を回収できました。

図表58　「改良工事」の具体例

<階段と袖壁をタイル貼りに変更した例>

<内廊下を高級タイル貼りにした例>

<談話室をトランルームに改装した例>

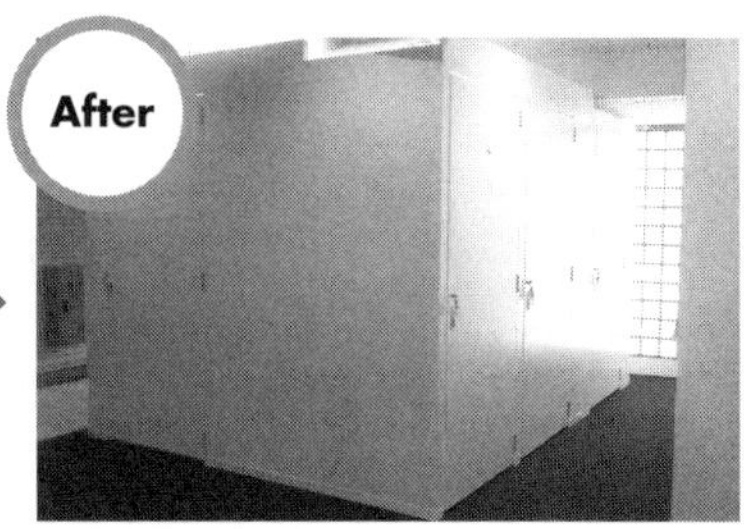

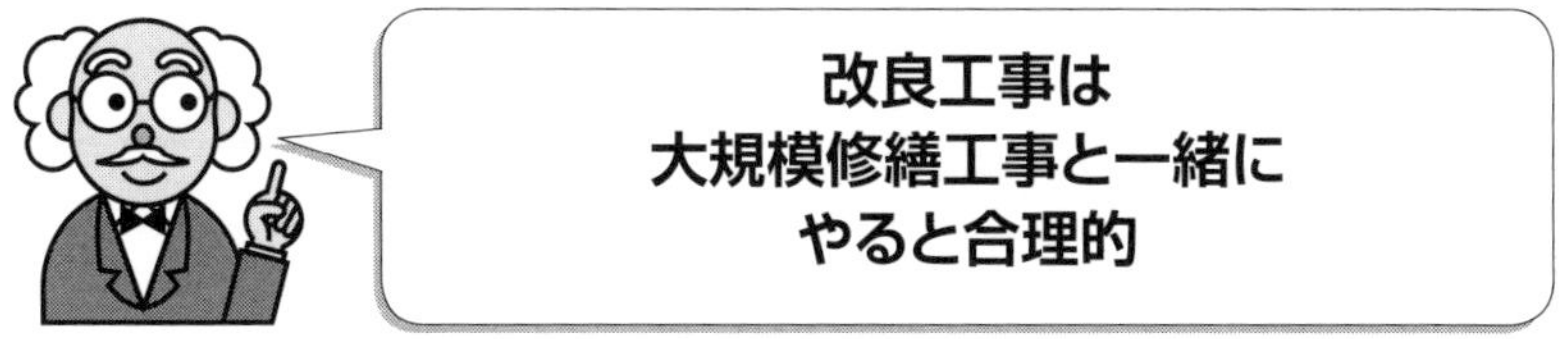

Q56

「長期修繕計画」と「修繕工事」の関係は？

各種の「修繕工事」の周期と金額をざっくり想定してまとめたのが「長期修繕計画」です。間違いもあるので、管理組合としてチェックすべきです。

新築時から30年後までの「修繕工事」を想定

現在、新築マンションでは分譲当初、売主の不動産会社（デベロッパー）が各種の修繕工事について、いつ頃、何を行うのかについて「長期修繕計画」を作成します。

長期修繕計画には通常、次のような項目が盛り込まれています。

①対象となる建物、設備等の部位
②工事の周期
③工事の仕様
④部位別の数量（面積や個数）
⑤工事の推定単価
⑥工事の実施予定時期

長期修繕計画の期間については、ほぼすべての設備の取り替えが含まれるよう、新築時から30年（マンションの寿命を60年とすれば、その半分）とするよう国土交通省では推奨しています。

このように長期修繕計画は修繕工事の目安となるものですが、「長期修繕計画があれば大丈夫」「長期修繕計画の通りに修繕工事を行えばよい」と考えるのは危険です。

当初の長期修繕計画は通常、標準的なひな型をベースに作成されます。そのため、本来あるはずの設備について修繕計画がなかったり、逆のケースもあったりします。管理組合として、外部の専門家の力を借りたりしてチェックすべきです。

また、潮風が吹き付ける海岸沿いのマンション、排ガスが多い幹線道路に面したマンションなど、立地条件によって建物や設備の劣化の進み方には差があります。

「長期修繕計画」はあくまで目安であり、国土交通省も5年程度をめどに見直すことを推奨しており、最近はより短い周期での見直しを提案する管理会社も増えています。

図表59　建物の部位ごとの修繕工事の周期の例

周期に
注目しよう!

工事項目	部位	工事区分	修繕周期（参考）	想定される修繕方法等
屋上防水（保護）	屋上、塔屋（エレベーターの機械室など）、ルーフバルコニー	補修	12年	コーチング打ち替え、保護コンクリート部分補修など
		修繕	24年	下地調整の上、露出防水（ウレタン塗膜防水）など
コンクリート補修	外壁、屋根、床、手すり壁、軒天、傷等（コンクリート、モルタル部分）	補修	12年	ひび割れ·浮き·欠損·鉄筋の発サビ·モルタルの浮き等の補修　など
タイル貼り補修	外壁、手すり壁など	補修	12年	高圧洗浄、欠損·浮き·剥離·ひび割れ等の補修、一部張替え　など
鉄部塗装（雨掛かり部分）	（鋼製）開放廊下、階段、バルコニーの手すり	塗り替え	4年	下地処理の上、塗装　など
	（鋼製）屋上フェンス、設備機器、縦どい·支持金物、架台、避難ハッチ、マンホールぶた、隔て板枠、物干し金物など	塗り替え	4年	下地処理の上、塗装　など
	屋外鉄骨階段、自転車置き場、遊具、フェンス	塗り替え	4年	下地処理の上、塗装　など
給水管	屋内共用給水管	更生	15年	現在は設定しないことも多い
	屋内共用給水管、屋外共用給水管	取り替え（更新）	30年	仕上げ材の補修を含む塩化ビニルライニング鋼管への取り替え　など
排水管	屋内共用雑排水管	更生	15年	現在は設定しないことも多い
	屋内共用雑排水管、汚水管	取り替え（更新）	30年	住戸内パイプシャフトを解体撤去の上、取り替え、復旧　など

周期はあくまで目安。
必ずその通り行わないと
いけないわけではない

Q57 大規模修繕工事の前に、「建物診断」をしたほうがいいのはなぜ？

「長期修繕計画」はあくまで机上のプラン。建物や設備の劣化状況を確認しないと、実際の工事のタイミング、範囲や方法は決められません。

建物診断は第三者の専門家に頼む

大規模修繕工事を行う周期は「長期修繕計画」で設定されており、一般的には12～15年周期が多いようです。また、この長期修繕計画にもとづいて修繕積立金の額も算出されています。

しかし、大規模修繕計画はあくまで予定であり、立地状況や普段のメンテナンスなどによって、建物や設備の劣化の進み方は異なります。長期修繕計画で設定されたタイミングになると、管理会社からよく「そろそろ大規模修繕工事をしましょう」といった話が出ますが、本当にそうかどうかは慎重に判断すべきです。

長期修繕計画で設定された周期が3年後くらいに来る時期になったら、理事会の諮問機関として大規模修繕工事の専門委員会を立ち上げ、マンションの所有者の中から理事経験者や建築関係の専門家などを募るとよいでしょう。

そして、この専門委員会が中心となって、「建物診断」を外部の専門家に依頼することをお勧めします。建物診断は、建物や設備の劣化状況を専門家が目視でチェックしたり、検査機器を使って調べたりするもので、集めた情報やデータにもとづき、最も効果的な工事のタイミングと方法を検討します。

ある程度コストはかかりますが、劣化がさほどでもないことが分かれば、時期を後ろにずらすことが可能かもしれません。大規模修繕工事を数年遅らせることができれば、その分だけ修繕積立金を節約できることになります。

逆に、想定以上に劣化が進んでいたり、隠れた不具合が発見されれば、大規模修繕工事の時期を前倒しすることもありえるでしょう。

図表60 「建物診断」の進め方

ステップ1	専門委員会の設置	理事会の諮問機関として「大規模修繕委員会」を設ける。委員会が中心になって手続きを進める
ステップ2	専門家の選定	建物診断を依頼する専門家を決める。管理会社や設計事務所から選ぶ
ステップ3	事前調査	長期修繕計画に記載された工事箇所や範囲を確認するとともに、設計図面や竣工図、これまでの補修工事、修繕工事の履歴などを調べる
ステップ4	建物診断（一次調査）	専門家が外壁や屋上など重要箇所を目視、打診などで調査する
	建物診断（二次調査）	問題がありそうな箇所や表からは見えない箇所について、専用の調査機材を使用して調査する
	建物診断（三次調査）	不具合の原因特定や工事の範囲、方法などについて判断する必要があれば、さらに高度で詳細な調査を行う
ステップ5	報告書の作成	建物診断を踏まえ、建物や設備の状況と今後の大規模修繕工事に向けての基本方針について報告書を作成する

専用機材による調査の例（タイルの付着強度の測定）

建物診断することで
最も効果的に
大規模修繕工事が行える

Q58

「修繕工事」を頼む工事会社は、どうやって選べばいい？

「建物診断」をもとに工事の範囲と内容を固め、複数の工事会社から見積りを取って比較しましょう。最初から1社に決めるのはよくありません。

複数の会社から相見積りを取るのは常識

工事会社の選定では、最初から1社に決めて交渉するのではなく、タイプの異なる数社に声を掛け、コストや経験、技術力などをじっくり比較して選ぶほうがよいでしょう。

また、大規模修繕工事の発注先には大きく分けて、管理会社、ゼネコン、専門工事会社の3つがあります。以前は、「管理会社ならマンションのことをよく知っているだろう」ということで、管理会社に建物診断から工事までまとめて任せるケースがよくありました。確かに一定の合理性がありますが、むしろ「わが社が受注して当たり前」ということで、コストや工事のチェックが甘くなる傾向があります。最終的には管理会社に発注するにせよ、別のゼネコンや専門工事会社などにも声を掛けることで緊張感が生まれるはずです。発注先の選定に当たっては、第三者の専門家に意見を求めるのもよいでしょう。

もう一つ、大規模修繕工事で大事なのは、工事のチェックをどうするかです。これを専門用語で「監理」と呼び、「分離方式（設計監理方式）」と「元請方式（責任施工方式）」があります。

分離方式は設計監理と工事を分け、別々に発注。設計や監理は設計事務所や管理会社、施工は工事会社に任せるものです。

分離方式では設計事務所などに支払う費用が発生しますが、理事会や専門委員会のメンバーに過度な負担をかけることなく、工事内容や予算に関して、専門的なチェックが行えます。また、入札での工事会社の選定でアドバイスを受けることもできます。

一方、元請方式は工事会社にすべて任せるものです。管理会社に工事まで任せる場合も、実質的にはこの方式になることが多いでしょう。分離方式のように設計監理のための費用は掛かりませんが、どこまでチェック機能が働くのか不安が残ります。

図表61　大規模修繕工事の発注方式

お勧め

	分離方式（設計監理方式）	元請方式（責任施工方式）
概要	・設計監理と工事を分離し、別々に発注する ・設計監理は設計事務所や管理会社に任せる ・工事会社は公募で選ぶ	・管理会社や工事会社が修繕工事の設計と施工を自ら請け負って実施するもの
メリット	・設計監理と工事を分離することで、コストや工事内容についてのチェックが働きやすい	・修繕工事を１社に任せておけばよく、手間がかからない ・工事に何か問題があれば、元請会社の責任を追及すればよい
デメリット	・設計監理のコストが別途、掛かる ・工事に問題があった際、責任関係が複雑になることもある	・工事におけるチェックが働かない場合がある ・工事のチェックを管理組合が行う必要がある

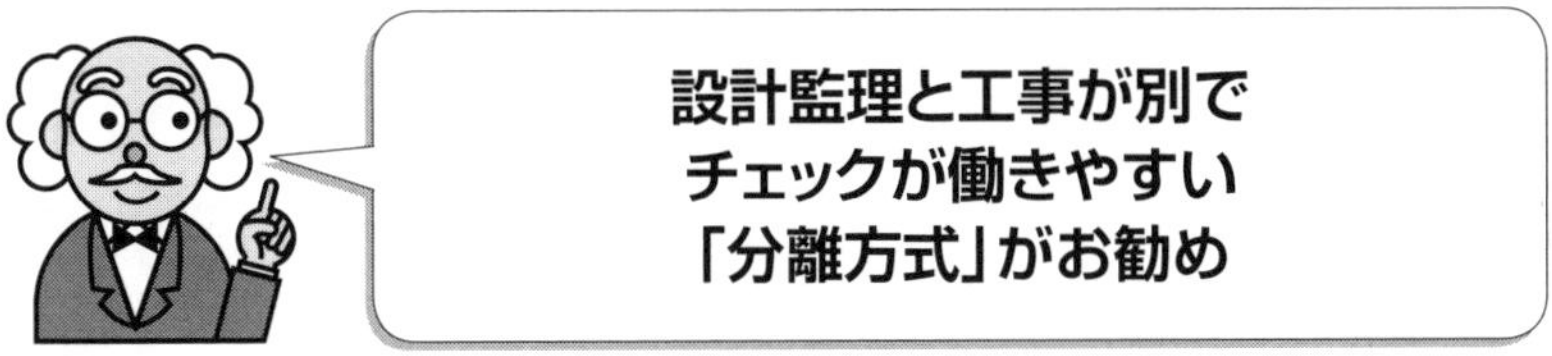
設計監理と工事が別で
チェックが働きやすい
「分離方式」がお勧め

Q59

「修繕工事」や「改良工事」を行う際の総会決議では、どこに注意すべき？

管理組合の総会で、工事の実施について承認をえる必要があります。工事の範囲や規模によって決議方法が違うので注意しないといけません。

過半数のケースと4分の3以上のケースが

修繕工事（大規模修繕工事を含む）や改良工事を実際に行うには、修繕積立金会計からの支出、工事会社の選定と発注など管理組合の総会で議決が必要です。

その際、注意が必要なのは、工事の規模や内容によって、総会での議決（承認）に必要な賛成の割合が異なることです。

区分所有法では、原則として「形状又は効用の著しい変更を伴わない」場合は、通常の決議（議決権の過半数の賛成で承認）でよいとしています（52ページ参照）。

一方、「形状又は効用の著しい変更を伴う」ということになれば、特別決議が必要となり、議決権及び区分所有者の双方について4分の3以上の賛成がないと承認されません。

問題は「形状又は効用の著しい変更」とは何かということですが、基本的にはそれぞれの工事の具体的内容にもとづく個別の判断になります。

例えば、エントランスの扉をオートロック式の自動ドアにしたり、階段しかないマンションにエレベーターを新設したりする場合は「形状又は効用の著しい変更」に当たるでしょう。

一方、防犯カメラの設置や各住戸の玄関扉を一斉に更新するといった場合は、当たらないでしょう。

事前の情報提供や説明を丁寧に

理事会としては、こうした違いをよく踏まえて、修繕工事や大規模修繕工事を行う場合には、区分所有者への事前の情報提供や説明を丁寧に行い、適切な議案をまとめて、総会でスムーズに議決されるよう取り組むことが欠かせません。

図表62　修繕工事を行う際の総会決議の違い

「形状又は効用の著しい変更」に当たるかどうか?

当たらない

・一般的な修繕工事
・防犯カメラの設置
・階段への手すりの設置　など

↓

普通決議
総会出席者の議決権の過半数の賛成(※)

※区分所有法では、議決権及び区分所有者の過半数としているが、多くのマンションでは管理規約によって総会出席者の議決権の過半数としている。

当たる

・エレベーターの新設
(もともとなかった場合)
・駐車場の一部を駐輪場に変更　など

↓

特別決議
議決権及び区分所有者の4分の3以上の賛成

修繕工事や改良工事を行う場合、
事前の総会決議が必要
可決の条件には注意

Q60 不適切な設計コンサルタントに騙されないためには、どうしたらいい？

特定の工事業者とつながってバックマージンを受け取っているケースが発覚。設計料の安さだけで選んではいけません。

悪質な設計コンサルタントもいるので注意

大規模修繕工事の発注にあたって、分離方式（設計監理方式）のほうが基本的に望ましいのですが、一方で近年問題になっているのが不適切な設計コンサルタントの存在です。

本来、管理組合の側に立って大規模修繕工事の設計監理や工事会社の選定アドバイスを行うべきであるにもかかわらず、過剰な工事内容や割高な工事費を設定し、特定の工事会社に受注させてバックマージンを受け取るといった手口が指摘されています。

国土交通省でもこの問題を重視し、２０１７年には注意喚起の通知を出したり、実態調査を行ったりしています。

こうした問題の直接の原因は、管理組合を食い物にするような一部の設計コンサルタント、設計事務所にあることは間違いありません。

しかし、それと同時に、管理組合の側にも責任があると思います。分離方式によって大規模修繕工事を行うのはいいのですが、そのための設計コンサルタント（設計事務所）の選び方が見積りの安さだけになっているからです。

問題となっている不適切な設計コンサルタントは、通常の半分とか3分の1の金額で設計監理業務の見積りを出してきます。これを鵜呑みにして「安ければいい」とばかりに選んでしまうから、付け込まれるのです。

国土交通省では、工事内訳に過剰な工事項目・仕様の設定等がないか、戸当たり・床面積当たりの工事金額が割高となっていないか、設計コンサルタントの業務量（人・時間）が著しく低く抑えられていないか、などをチェックするよう推奨しています。これらについては、管理会社にアドバイスを求めるのもいいでしょうし、ほかの専門家の意見を聞くことも有効なはずです。

図表63　設計コンサルタントの問題ケース

ケース	内　容
①設計コンサルタントと工事会社の癒着	管理組合が大規模修繕工事に当たり、設計コンサルタントを業界紙で公募。応募してきた中から、最も安いコンサル料を提示した設計コンサルタントを選んだ。工事会社の選定では設計コンサルタントが推薦する工事会社に内定したが、契約直前になり、建物診断や工事設計を行っていたのは、内定していた工事会社の社員であることが発覚。契約は見送られた。 ※設計コンサルタントは工事会社のダミーだった可能性がある。
②工事会社の見積りが極端に安い	管理組合が大規模修繕工事に当たり、設計コンサルタントを業界紙で公募。最も安いコンサルタント料金を提示した設計コンサルタントを選んだ。工事会社の選定では5社が候補になったが、設計コンサルタントは1社にだけ少ない数量で工事内容を伝え、その工事会社が金額的に最も安く、内定した。しかし、見積りの前提となる工事数量に違いがあることが発覚し、最初からすべてやり直しになった。 ※契約後、追加工事が必要になったといった理由をつけて工事費をアップするつもりだった可能性がある。
③バックマージン欲しさに割高な工事費を設定	管理組合が大規模修繕工事に当たり、設計コンサルタントを業界紙で公募。格安なコンサルタント料金で受注した設計コンサルタントは、工事会社の選定において、バックマージンを支払う約束をしていた工事会社が受注できるよう、さまざまな条件を設定して他社が脱落するよう誘導。結果的にその工事会社に対して割高な工事費、過剰な工事項目・仕様での発注が行われた。 ※工事会社の選考における条件の設定で特定の工事会社に誘導するところが巧妙。

参考:国土交通省「設計コンサルタントを活用したマンション大規模修繕工事の発注等の相談窓口の周知について（通知）」2017年1月27日。

工事金額が大きい場合、
予算をかけてでも
第三者の専門家の意見を求める

第8章

「修繕工事」の部位別のポイントはここだ！

Q61

屋上やバルコニーの修繕工事は、どこがポイント？

屋上は防水層の補修ややり直しがメイン。防水層の劣化状況を確認し、コストと耐用年数から適切な工法を選んで行いましょう。

屋上防水ではアスファルト防水が一般的

本章では、建物や設備の経年劣化を分譲時の状態に戻すため、あらかじめ想定し周期的に行う「修繕工事」について、部位別に主なポイントを紹介していきます。実際にはマンションによって違いはありますが、ひとつの目安として参考にしてみてください。

まず、建物の性能を維持するために極めて重要なのが屋上防水です。雨の多い日本で屋根は、常に風雨にさらされ、最も劣化しやすい部位です。

マンションの屋上の防水工法には、アスファルト防水、ウレタン塗膜防水、塩ビシート防水などの種類があり、最も一般的なのが「露出アスファルト防水」です。

これは、アスファルトを沁み込ませた布状のルーフィング（屋根材）をアスファルトで貼り重ねるものです。安定性や耐久性にとても優れていますが、それでも年数が経つと劣化が生じます。

そこで少なくとも年1回は、ルーフィングの継ぎ目が劣化していないか、排水口が詰まって雑草などが生えていないかなど屋上に上がって点検します。そして、大規模修繕工事では劣化した部分を補修したり、防水をやり直したりします。

最近はコストや廃棄物の点から、塩ビシート防水も広まっています。塩ビシート防水の場合、既存の防水層を撤去する必要がなく、遮熱効果もある程度、期待できますが、耐久性について疑問視する声もあるようです。

屋上のほか、最近はバルコニーの床に防水工事を施しているマンションが増えています。こちらは、ウレタン塗膜防水や長尺塩ビシート貼りが一般的で、修繕工事では新たにウレタン塗膜防水を施したり、長尺塩ビシートを敷き直したりします。

図表64　屋上防水の主な工法

	アスファルト防水	ウレタン塗膜防水	塩ビシート防水
概要	合成繊維の不織布にアスファルトを含ませたシートを貼り重ねて防水層をつくる	液状のウレタン樹脂を塗って乾燥させ、防水層をつくる	塩化ビニル樹脂でできた防水シートを、金物等で下地に貼り付ける
長所	分厚い防水層を連続してつくることができる。施工の不具合も少なく信頼性、耐久性に優れる。保護コンクリートで押さえれば、耐用年数はさらに長くなる	下地の形状に馴染みやすく、場所を問わない。熱が発生せず、施工が簡単。コストはアスファルト防水に比べて安い	施工が簡単で、複雑な形状や狭い場所でも対応できる。紫外線や熱に強く、耐候性に優れる。コストはアスファルト防水に比べて安い
短所	アスファルトを溶かすため、熱や臭いが発生する。工期は長めで、コストもそれなりにかかる	液状のウレタンを使うため、膜の厚さにムラが生じやすく、耐久性はやや劣る	年数が経つと硬くなり、割れやすい
耐用年数	**15～20年程度**	**10年程度**	**10～15年程度**

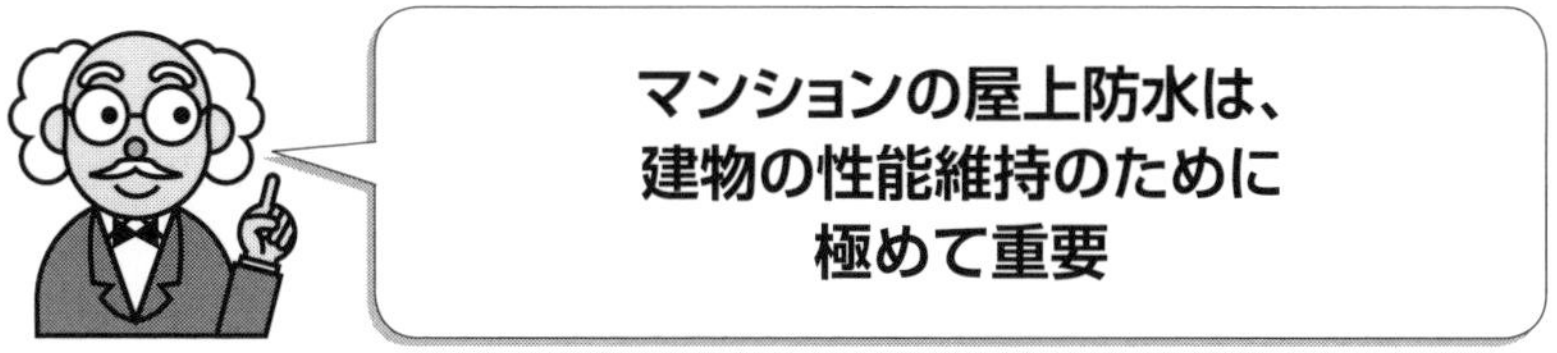

マンションの屋上防水は、
建物の性能維持のために
極めて重要

Q62 外壁の補修工事は、どこがポイント?

最近のマンションはほとんどがタイル貼りです。タイルの〝浮き〟や〝ひび割れ〟がないかどうかを確認するのがポイントになります。

外壁は仕上げによって補修工事が異なる

マンションの外壁の仕上げには、「吹き付けタイル」「タイル貼り」「コンクリート打ち放し」の3タイプがあり、分譲マンションでは近年、タイル貼りが一般的です。

「タイル貼り」は基本的にメンテナンス不要ですが、定期的に表面を高圧洗浄するほか、タイルの欠損や浮き、剥離、ひび割れなどがあれば、タイルの裏に樹脂を注入したり（浮きなどの場合）、下地のコンクリートから補修してタイルを貼り直したりします。

コンクリートは乾燥する時、ヘアクラックという細いひび割れができることがあります。ヘアクラックは幅が0・3㎜未満であれば、構造上、問題ないとされますが、雨水の浸入など耐久性の点から補修する必要があります。

ひび割れの幅が広い場合は要注意です。美観上、好ましくないだけでなく、雨水などが浸入し、コンクリートの中性化、タイルの剥離、白華現象（エフロレッセンス）などの原因になります。

コンクリートのひび割れの補修法としては、細いものなら補修材を刷り込みます。ある程度大きいものは、樹脂を注入したり、表面をU字型にカットしてからシール充填した後、表面を補修します。

外壁の補修工事でもう一つ、忘れてならないのがシーリングの打ち替えです。

シーリングは、外壁の鉄筋コンクリートの打ち継ぎ部の目地などを埋めている合成樹脂系の部材です。施工時にはペースト状で、固まっても弾力性があり、防水の役目も果たします。

シーリングは年数が経つと弾力性がなくなり、ひび割れや剥離が起こり、目地からの漏水につながったりします。

補修工事では、もとのシーリングを完全に取り除き、目地の内側に接着材を塗り、新しくシーリングを充填します。

図表65　外壁の補修工事の主な流れ

外壁の仕上げが吹き付けタイル（塗装）の場合

下地補修
↓
シーリングの打ち替え
↓
表面洗浄
↓
再塗装
↓
完成

外壁の仕上げがタイル貼りの場合

下地・タイル補修
↓
シーリングの打ち替え
↓
表面洗浄
↓
完成

外壁の補修工事では
目地のシーリングの打ち替えが
意外に重要

Q63

鉄部の補修工事は、どこがポイント？

手すりなどの鉄部は3～5年周期くらいで塗装のやり直しが必要です。海辺など環境によっても劣化のスピードが変わってきます。

下地のサビ止め処理が重要

マンションには、廊下や階段の手すり、消火扉、非常階段、バルコニーの避難ハッチ、駐輪場の柱や屋根、機械式駐車場のパレットなどいろいろなところに鉄が使われています。

鉄にはサビが発生しやすく、サビが出ると雨の日などはサビ汁が垂れて周囲を汚しますし、その部分の寿命も縮まって、想定よりも早く交換が必要になったりします。

通常、鉄部の表面にはサビを防ぐ塗装が施されていますが、そのうち手で触ると白い粉がつくようになります。この現象を「チョーキング（白亜化）」と呼び、塗装が劣化している証拠です。

また、塗装が不十分だった箇所や傷がついた箇所では、竣工から1年足らずでもサビが発生することがあります。

鉄部の塗装をやり直す周期は3～5年程度とされ、補修工事の中では最も短いうちのひとつです。潮風の影響を受けやすい海岸近くなどでは、もっと短くなることもあります。

鉄部の補修工事は、既存の塗装やサビを取り除いた後、サビ止めを塗り、その後、2回の仕上げ塗りを行います。下地のサビ止め処理が重要で、きちんと行わないと1～2年で塗装がはがれてくることもあります。

手すりなど人の手がよく触れる箇所は定期的に清掃してもサビやすく、アルミやステンレス製に取り替えることも「改良工事」として考えられます。

なお、窓枠などに使われるアルミは鉄に比べると耐久性に優れますが、まったくメンテナンスしなくてもよいわけではありません。部分的に白いサビが出ることがあります。これを防ぐには、定期的に中性洗剤でクリーニングするとよいといわれます。

図表66　鉄部の補修工事の流れ

ステップ1　**ケレン（サビ落とし）**

ヤスリやワイヤーブラシなどを使って鉄部の汚れやサビ、元の塗膜を取り除く。サビなどがひどい場合は電動工具を用いることもあり、費用が大幅にアップする

↓

ステップ2　**下塗り（サビ止め※）**

ケレンの後、鉄部の表面にサビ止めの塗料を塗る。現在は耐水性、密着性、耐久性に優れ、防サビ効果が高いエポキシ樹脂系が主流

↓

ステップ3　**中塗り**

ムラなく均一に塗装を仕上げるには重ね塗りが不可欠。上塗りと同じ塗料を1層目として塗るのが中塗り

↓

ステップ4　**上塗り（仕上げ）**

最後の仕上げの塗装。シリコン系やウレタン系塗料が一般的。中塗りと上塗りは塗装の回数を確認するため色を変える

※サビが顕著な箇所には、サビ転換材を使用する。腐食を防ぐためには効果的。

鉄部の塗装は
サビが進行する前に行うと
コストも安くてすむ

Q64 給排水管の修繕工事って、何をするの？

給水管は内側のサビがよく問題になり、削り取って塗装し直したりします。排水管も内側の汚れを定期的に取り除きます。年数が経つと交換が必要なこともあります。

給水管は更生工事から、排水管は定期的に高圧洗浄

マンションの共用部分の配管は、給水管と排水管に分けられ、両者にはいろいろ違いがあります。給水管に流れる水道水には殺菌用の塩素が含まれており、また圧力がかかっています。一方、排水管に流れる排水は自然落下が基本であり、さまざまな汚れの付着が問題になります。

給水管の耐用年数は、管の種類や材質、工事の方法によって異なり、かなりバラツキが出てきます。

例えば、かつてよく使われた亜鉛メッキ鋼管の給水管（20年ほど前から使用不可）は、管の内側に付いたサビや汚れを削り取って新しく皮膜をつくる更生工事を行わないと、15～20年で取り替えが必要とされました。

これに対し、最近一般的に使われる硬質塩化ビニルライニング鋼管で防食継手を使っていれば、30年以上持つとされます。同じく、現在、住戸内の給水や給湯でよく使われるさや管ヘッダー方式では、架橋ポリエチレン管という樹脂製の管が用いられ、これも30年以上持つとされています。

排水管については、給水管と同じく材質が影響します。かつて使われていた亜鉛メッキ鋼管は20～30年、最近一般的な硬質塩化ビニルライニング鋼管は25～30年、トイレ用の鋳鉄管は30～40年が目安とされます。

ただし、排水管は日常的にゴミなどを流すため、汚れが付きやすくなっています。そこで、定期的に高圧洗浄を行います（専有部分も含めて管理組合で実施するのが一般的）。これを行わないと、詰まったり取り替え時期が早まる可能性があります。

図表67　給排水管のメンテナンスと修繕工事の概要

	給水管	排水管
メンテナンス	特には行わない	2～3年に一度、内側に付着した汚れを落とす高圧洗浄を、専有部分（住戸内の横引き管）と共用部分（立て管）それぞれで行う
更生工事	内側にできたサビなどを取り除き、塗膜をつくったりする（ライニング）。さまざまな工法がある	定期的な高圧洗浄が基本で、給水管ほどは行われない
更新工事	管を取り替える。その際、管の材質や配管ルートを見直したりすることも	管を取り替える。なお、住戸内の横引き管が床のコンクリートに埋め込まれていたりすると難しい

※給水管、排水管ともに材質等によって上記と異なることがある。

<共用部分の給水管の例>

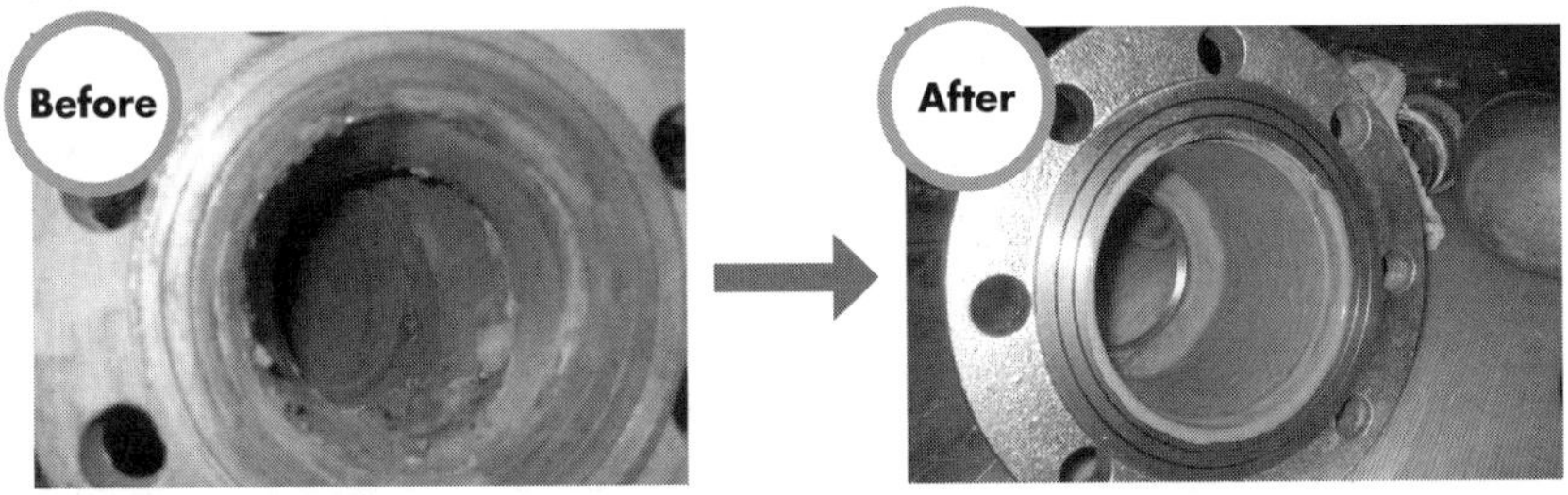
Before
After

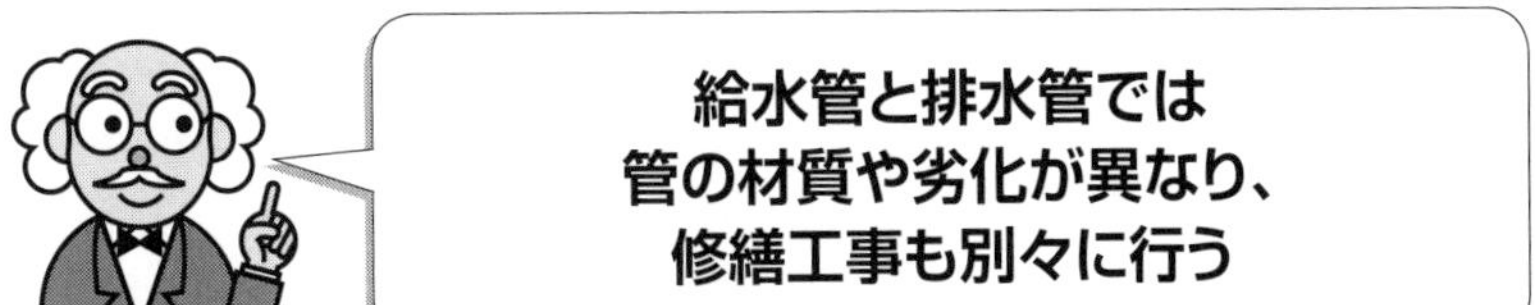
給水管と排水管では
管の材質や劣化が異なり、
修繕工事も別々に行う

Q65 エレベーターの修繕工事では、何をするの？

20年くらいするとロープや制御盤など主要部品の交換時期です。30年を過ぎるとカゴなど全体の入れ替えも検討します。

毎月のメンテナンス費を削減し、将来に備える手も

マンションになくてはならない共用設備のひとつがエレベーターです。毎月の保守点検や年1回の法定検査のほか、修繕工事も通常、エレベーターメンテナンス会社に委託します。

エレベーターの税法上の償却耐用年数は17年ですが、実際の寿命は使用頻度やメンテナンスなどによって変わり、20～30年程度は持つとされます。また、全体の入れ替えの前に、ロープや制御盤など主要部品の取り替えを行うのが一般的です。

このように通常の大規模修繕工事とは周期や内容が異なるため、エレベーターの修繕工事はタイミングをみて、単独で行うことが多いようです。とはいえ工事の金額は大きく、一応の目安として長期修繕計画には必ず盛り込んでおきます。

エレベーターの修繕工事（改良工事）では、地震対策も考慮したい点です。東日本大震災では、都内で65件のエレベーター内閉じ込めが発生しました。首都直下地震では、都内だけで7000台を超す閉じ込めが発生すると予想されています。

対策としては、日本エレベーター協会などが取りまとめている「昇降機耐震設計・施工指針」（2016年改訂版）が参考になります。具体的には、ロープの引っ掛かり、釣合い重りの脱落防止、地震時管制運転装置（初期微動のP波を感知すると最寄り階に停止し、本地震を感知するとストップ）、予備電源、防火区画などの規定があります。

エレベーター全体の入れ替えについては、建物の階数やエレベーターの大きさによって差がありますが、1台1000万円前後します。あらかじめその費用を確保するため、毎月のエレベーターのメンテナンス費などを見直すことも検討してみるとよいでしょう。

図表68　エレベーターのメンテナンスと修繕工事、改良工事の概要

メンテナンス（保守点検）	・エレベーターメンテナンス会社が定期的に（**1～3カ月おき**）、エレベーターの**清掃、注油、調整、消耗品の補充・交換**を行うとともに、**損傷、摩耗、異音などの異常や不具合の有無を調査**する ・保守点検契約には、「フルメンテナンス契約」と「POG（パーツ・オイル・グリース）契約」があり、前者は主要部品の交換もあらかじめ含むが、金額が高い。後者は、部品交換をほとんど含まず金額は安いが、部品交換が必要なときは別途、費用がかかる
修繕工事	・各種部品の交換は必要に応じて行う（**「フルメンテナンス契約」では費用はあらかじめ毎月の保守点検費に含む**） ・「フルメンテナンス契約」でもカバーしていない大きな部品交換としては次の3つがあり、交換時期はそれぞれ異なる。一般的に制御盤の交換時期がもっとも早い ①**巻上機**（一式取り替え）　**30年程度** ②**モーター**（一式取り替え）**30年程度** ③**制御盤**（一式取り替え）　**20年程度**
改良工事	・カゴ室や乗り場扉などを含めてエレベーター全体を取り替える場合、**機種を最新のものに取り替えるのが一般的**。最近は、マシンルームレスエレベーター（屋上の機械室が不要）といった選択肢も ・全体の取り替え以外でも、下記のような改良工事がある ①モーターをインバーターマイコン制御方式にする ②カゴ室にエアコンを取り付ける ③地震時や火災時に備えた管制運転装置を取り付ける ④防犯用監視カメラを設置する

<エレベーターを改良工事した例>

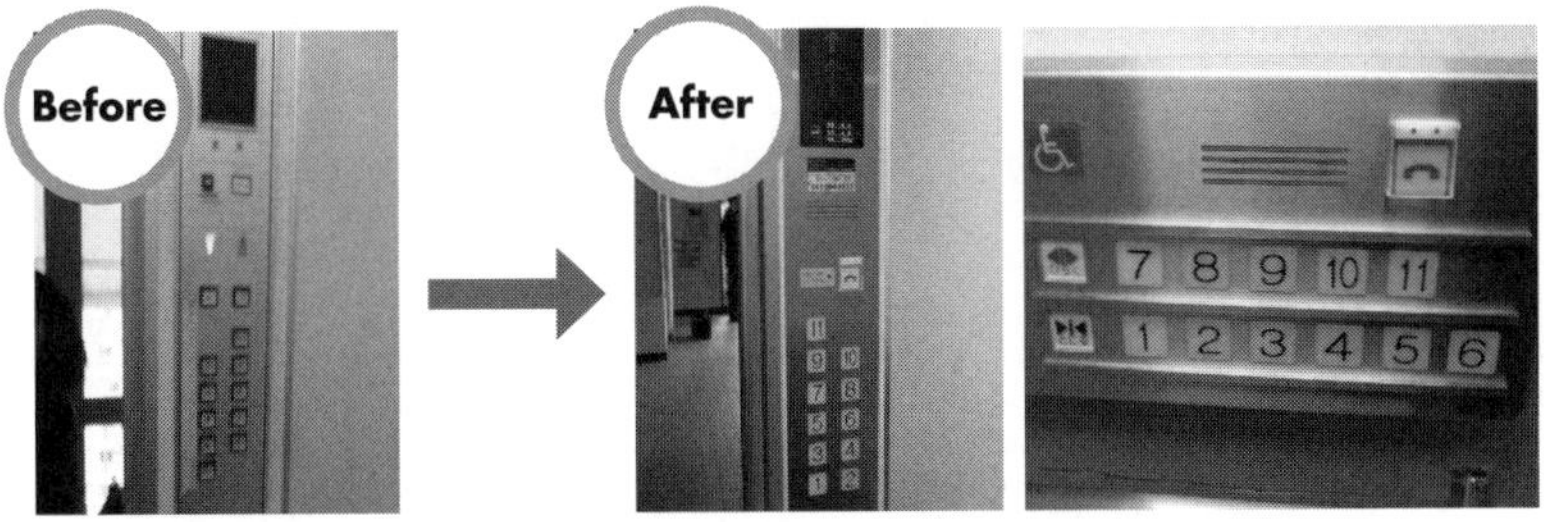

エレベーターの修繕工事では
地震対策の改良工事なども
一緒に行いたい

Q66

機械式駐車場の修繕工事では、何をするの？

10年を過ぎると車を載せるパレットなどの塗装、20年前後でチェーンやモーター、センサーなどの交換を行います。30年を過ぎると装置全体の入れ替えも必要になります。

まず15～20年を目安に部品交換

分譲マンションに機械式駐車場が本格的に設置されるようになったのは１９８０年代からのこと。敷地を有効に利用できることから、現在は2段式、３段式の機械式駐車装置が広く利用されています。

しかし、近年は車の所有者が減り、空きが増えて困っている管理組合がたくさんあります。使っていなくてもメンテナンスや修繕工事の費用がかかります。チェーン、センサー、モーター、パレットの塗装などをまとめて行うと数百万円という金額になりかねません。しかも、駐車場使用料の多くを管理費会計に組み込んで使ってしまい、きちんと積み立てていない管理組合も少なくありません。

対策のひとつは、修繕工事のタイミングを検討することです。設置された環境や使用頻度などによって劣化の進み具合は異なり、当初の計画より遅らせることが可能なこともあります。使われていないパレットが多い場合は、左ページの写真のように一部を撤去してしまうのも選択肢のひとつでしょう。

全体の入れ替えは30年後くらいから

それでもいずれ、装置の入れ替え時期が来ます。機械式駐車装置の法定耐用年数は15年で、使用状況を見ながら延命を図ったとしても、25年あたりを過ぎると交換したほうがよいとされます。

問題はやはり費用です。横行昇降式であればパレット1台当たり１００万円程度はします。１００台の装置であれば1億円です。

いざとなってから慌てるのではなく、駐車場使用料の使い方も含め、早い段階から対策を講じておくべきです。

図表69　機械式駐車場の主な部位と修繕の概要

	部位	修繕
電装品	操作盤（ボタンやスイッチ）	交換（7～10年程度）
	制御盤（開閉器、基盤、電源装置、リレーなど）	交換（7～10年程度）
	光電管、スイッチ、センサーなど	交換（7～10年程度）
駆動装置	各種モーター	交換（10～15年程度）
	各種チェーン	交換（8～12年程度）
	ワイヤー	交換（5～6年程度）
	スプロケット（歯車）	交換（10～15年程度）
その他	パレット	再塗装（10～15年程度）
	排水ポンプ	交換（7～10年程度）
	安全対策	挟まれ事故の多発を踏まえ安全基準が強化され、2016年7月以降に設置された機械式駐車装置は新基準に適合するが、それ以前の装置でも改良工事を検討したい

＜機械式駐車装置を撤去し、ピット（穴）を鉄板で塞ぎ、平置き駐車場にした例＞

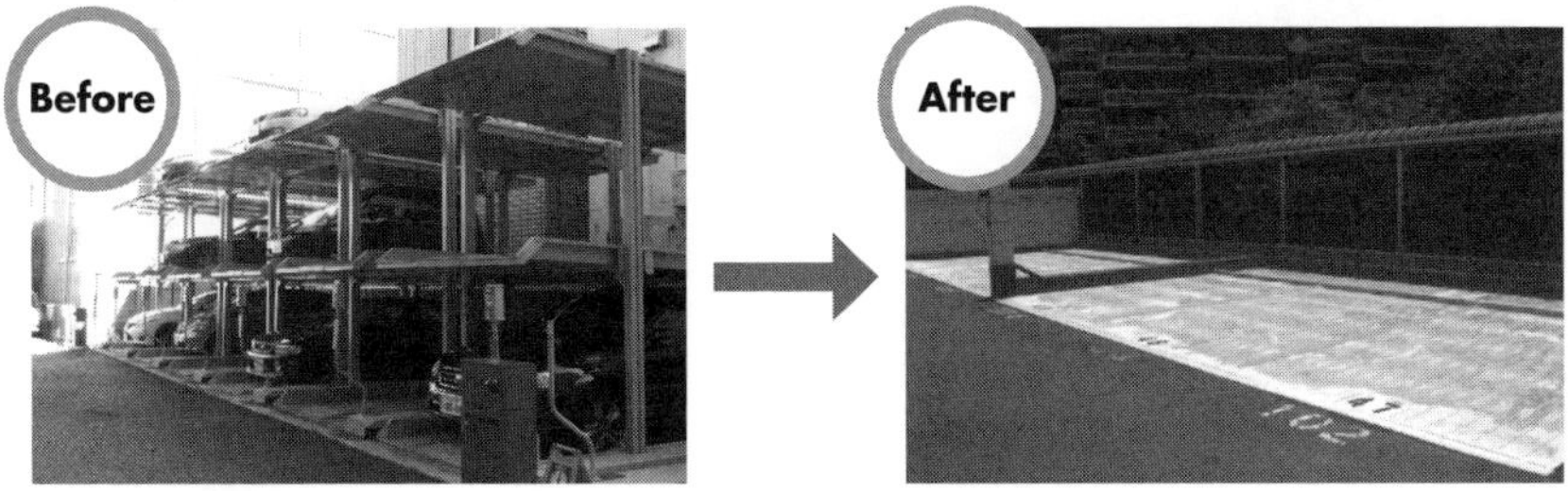
Before
After

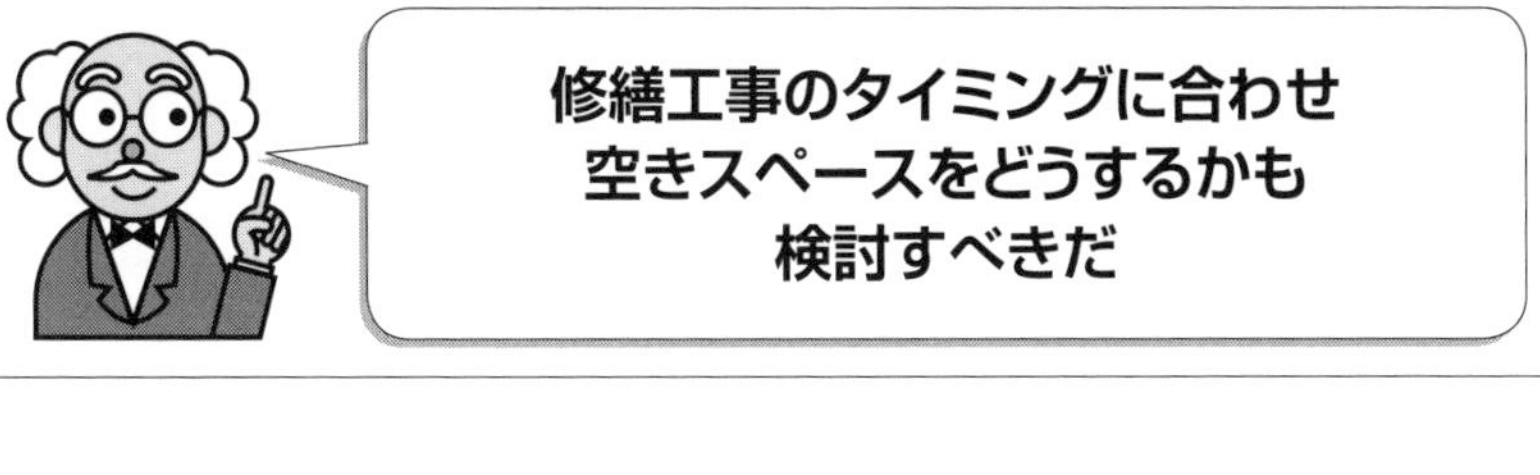
修繕工事のタイミングに合わせ
空きスペースをどうするかも
検討すべきだ

第9章

マンションの建物に欠陥や不具合が見つかったら、こうしなさい！

Q67 マンションで起こる不具合や欠陥には、どんなものがある？

おおまかに、構造関係や雨漏りなど深刻なものが「欠陥」、室内の仕上げなどさほど問題ないものが「不具合」といえます。

重要なのは共用部分の不具合や欠陥

マンションで見られる不具合や欠陥にはさまざまなものがあります。まず、「不具合」と「欠陥」の違いを確認しておきましょう。「欠陥」は、法律や契約で定められた性能を欠いた状態で、建物の寿命や資産価値にも関わる深刻なものを指すことが多いようです。「不具合」は欠陥というほどではないものの、本来の機能や性能が十分に発揮されない状態です。住み心地や見た目に影響するとはいえ、直せば問題ないケースが多いでしょう。ただ、重大な欠陥が隠れていたりすることもあり、両者の見極めが難しいこともあります。

「不具合」や「欠陥」で特に注意すべきなのは、共用部分です。例えば、外壁などのコンクリートのひび割れは、表面の乾燥収縮によるヘアクラック（幅0・3㎜以下）ならばそれほど心配ありませんが、それを超えると施工に問題があった可能性があります。

マンションのピット（地下に設けられた配管類を通すためなどの空間）でたまに見つかるのが、コンクリートの梁や壁に後からスリーブ（配管用の穴）を開け、鉄筋を切断しているケースです。こうしたスリーブは本来、コンクリートを流し込む前に型枠を設置してつくるのですが、うっかり入れ忘れてしまうのです。

一方、各部屋の室内（専有部分）でよくあるのが、壁や天井のクロスの破れです。これはクロスの下地である石膏ボードのつなぎ目などで起こりやすく、下地を調整してクロスを貼り替えれば問題ありません。床のフローリングのすき間や音鳴りもよくある不具合ですが、下地を調整すればほとんど直ります。

ただし、住戸と住戸の間の戸境壁のように、コンクリートに直接クロスを貼っている場合、クロスの破断は構造上の問題が原因になっているかもしれず、よく調査する必要があります。

図表70　不具合や欠陥の例と補修のポイント

部位	不具合・欠陥	補修のポイント
基礎	基礎杭が堅い地盤に届いていない（横浜の傾斜マンションのケース）	地上からは不具合の確認自体が難しく、基本的に補修はできない
	梁や壁の鉄筋を切断してしまう（あらかじめ入れておくべき配管用のスリーブを入れ忘れ、後からコア抜きしたため）	当該箇所のコンクリートを取り除き、鉄筋をつなぎ直して、再度コンクリートを打設する
外壁	コンクリートのひび割れ	ヘアクラック（幅0.3mm以下）なら樹脂で埋める。それを超える場合、例えば表面をU字型にカットし、樹脂を注入後、表面をモルタルで仕上げる
	タイルの浮き、はがれ（下地の処理や接着に問題があることが原因）	部分的な浮きは、エポキシ樹脂とステンレスピンを併用したピンニング工法で補修する
	白い液だれが発生している（白華現象、エフロレッセンス）	コンクリートに水が浸み込んでいるためであり、漏水箇所を特定し、防水工事やひび割れ補修を行う
	耐震スリットの不備（あるべき箇所になかったり、スリット材が曲がったりしている）	コンクリートを削って新たにスリット材を設置したりする
外壁や窓枠	シーリング不良（すき間や取付部分に充填されているシーリングの硬化不良や劣化）	シーリングを除去し、打ち直す
屋上	防水層の不良	不良の状況を確認し、適切な補修方法を検討する
鉄部	サビ（下地処理が不十分なことが主な原因）	サビを取り除き、サビを防止する下地処理からやり直す
室内壁	クロスの破断やはがれ	下地を補修し、貼り直す
室内床	部材のすき間や音鳴り	下地を補修し、貼り直す

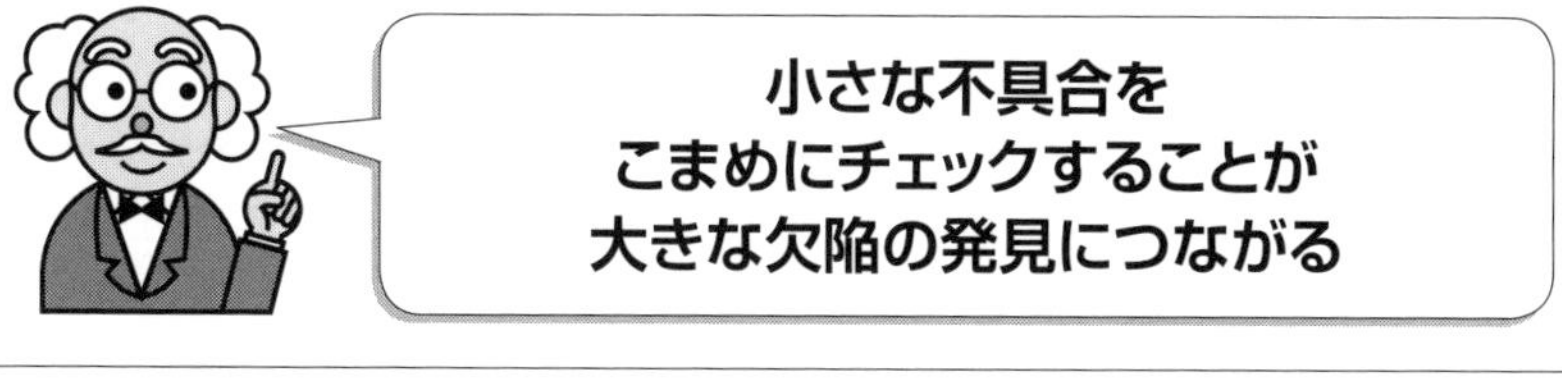
小さな不具合を
こまめにチェックすることが
大きな欠陥の発見につながる

Q68

マンションの不具合や欠陥は、どうして起こるの？

建築物は、工場生産の精密機械などと違い、多少の不具合は付きもの。問題はその程度と深刻さ、そして発見した後の対応です。

マンションの不具合や欠陥はあっても不思議ではない

マンションの不具合や欠陥はどうして起こるのか。そこにはさまざまな原因や要因がからんでいて、単純に整理することはできません。

ただ、ひとつだけ確かなのは、マンションの不具合や欠陥はあっても不思議ではないということです。

家電製品や自動車でもよく、リコールの対象になるような不具合や欠陥が起こります。屋内で空調や照明が完備され、かなりオートメーション化が進んだ工業製品でさえ、不具合や欠陥を完全になくすことはできません。まして、地盤の強度や傾斜などさまざまな状態の土地に、屋外での作業で一品生産されるマンションには、ある程度の誤差や小さな不具合は必ずあります。だからこそ、売主の不動産会社ではアフターサービスを付け、一定期間内に見つかった不具合は無償で補修することになっています。

業界の構造的な問題を理解しておく

また、業界の構造的な問題もあるようです。

数年前に社会的にも大きな関心を呼んだ横浜の傾斜マンションでは、基礎工事において地中杭の施工データがきちんと取れなかったからと勝手に改ざんした作業員に責任があるのは当然ながら、その背景にはマンション業界や建設業界全体の構造的な問題があったと思われます。

どんなマンションにも誤差や不具合、さらにいえば欠陥の可能性があると理解し、その上で管理組合としてどう対応するか考えるべきだと思います。

図表71　マンションの不具合や欠陥に関わる業界の構造的な問題点

1.マンション用地の不足	マンションの建築に適した土地が次第に少なくなり、低地や埋め立て地、傾斜地など地盤の悪い場所に建てられるケースが多くなっている
2.建設業界の重層下請け構造	ゼネコンの下に多くの下請け企業が入っているため、情報の流れが悪く、責任の所在が曖昧で、現場にしわ寄せが行きやすい
3.マンション業界の納期絶対・コスト優先体質	新築マンションはほとんど「青田売り」で、引渡し期日が絶対化しており、またコスト削減のプレッシャーが現場にかかりやすい
4.なれ合いとブラックボックス化が広がる工事現場	建設工事の現場はもともと作業環境として厳しい反面、経験と勘に任せたなれ合いが残っている
5.十分な時間とコストが確保されていない設計監理	マンションの設計監理料はオフィスビルなどよりは安く、事前の地盤調査は敷地内で3〜4カ所程度しか行わないのが普通。工事監理にあまり人手がかけられない
6.手続きがどんどん煩雑になっている建築確認制度	2005年の耐震偽装事件（姉歯事件）以降、建築確認などがどんどん煩雑になり、わずかな変更でも再度、手続きが必要に。「青田売り」と相まって現場に対するプレッシャーに
7.建築物の安全性についての認識の問題	建築基準法では震度6強以上では建物の損傷を一定程度許容しているが、多くの消費者は建築基準法をクリアしていれば「安全」、満たしていなければ「危険」という二者択一的なイメージが強く、実際とのギャップがある

分譲マンションに
不具合や欠陥は付きもの
という前提で考えるべきだ

Q69

売主や建設会社によって、欠陥や不具合の起こりやすさは違ったりするの？

建築工事に関わる下請けなどは物件ごとに変わります。売主や建設会社の規模、知名度などと欠陥の起こりやすさは別と考えたほうがいいでしょう。

マンションの建設工事は基本的に下請け任せ

マンションの欠陥や不具合はある意味、なくならないとして、売主の不動産会社や工事を行う建設会社によって、起こりやすさは違うのではないかと思う人もいるでしょう。

しかし、超大手の不動産会社やスーパーゼネコンが手掛けたマンションであっても、重大な欠陥が発覚したことは過去に何回もあります。例えば以前、東京都心の一等地で超大手不動産会社が売主となり、スーパーゼネコンが施工した超高級マンションで、引渡し前に重大なミスが発覚し、解体されることに。購入者には契約解除と手付金の返還、迷惑料の支払いが行われました。

このケースでは、大梁や外壁に給排気用のダクトを通すための穴（スリーブ）をあらかじめ設置するのを忘れ、後からダイヤモンドカッターを使って600カ所にも穴を開けたとのこと。その際、鉄筋も切断してしまい、建物全体の強度が大幅に低下したのです。

マンションの建設工事では本来、工事を請け負った元請けのゼネコンやそれぞれの専門工事を行う下請け会社が、現場に管理者（現場監督など）を置いてチェックすることになっています。

しかし、100戸くらいまでのマンションでは元請けであるゼネコンの現場監督は複数の物件を掛け持ちし、実際の工事管理は現場任せになったりします。もっと規模の大きなマンションでは常駐の現場監督がいますが、作業箇所が多いのでやはりすべてチェックするのが難しいのが現実のようです。

そして、現場ではさまざまな専門工事に分かれて、それぞれ専門会社が作業員を送り込んで作業しています。スケジュールは各工事がスムーズに進むという前提で、ギリギリの日程で組まれています。こうした構造的な問題は、売主や建設会社の規模、知名度に関係なく共通するといってよいでしょう。

図表72　マンションにおける専門工事の例

とび工事	足場の組み立て・解体、重量物の巻上げ・据え付け、鉄骨材の巻上げなどを行う
鉄筋工事	鉄筋コンクリート工事における鉄筋の切断、屈曲、成型、組み立てなどを行う
型枠工事	1階ずつコンクリートを流し込む木製等の型枠の製作、組み立て、取り付け、解体などを行う
配管工事	給排水、冷暖房、給排気、換気などの設備工事における配管を行う
電気工事	共用部分や専有部分の電気配線とコンセントの設置などを行う
防水工事	アスファルト、シート、セメント系材料などを用いて、屋内、屋外、屋根などの防水工事を行う
タイル工事	外壁、内壁、床などの表面のタイルの貼り付けなどを行う
サッシ工事	金属製建具（サッシ）の取り付けを行う
ガラス工事	各種建具のガラスのはめ込み作業を行う
建具工事	室内のドアや引き戸、枠などの木製建具の製作・加工及び取り付けを行う
内装工事	カーペット、フローリング、壁紙、石膏ボード、その他の内装材を床、壁、天井に取り付ける

マンションの新築工事は
専門の工事会社が
下請けとして分担して行っている

Q70

欠陥や不具合はどうして見つかる？自分たちで見つけることはできる？

建物や設備のちょっとした異変が発見のきっかけになることが多いものの、その程度や原因については専門家に確認してもらう必要があります。

共用部分は管理組合で年1回はチェックを

専有部分（室内）の欠陥や不具合については、毎日の生活の中で居住者が何らかの異変や異常に気づくのがきっかけになります。ただ、多くの人は建築の専門家ではないので、それがどれくらい重大なことなのか、なぜ起こったのか、直すべきものなのかなど分かりません。まずは管理会社や管理組合（理事会）に連絡し、調査や補修など相談するとよいでしょう。

問題は共用部分です。普段利用しているエントランスやエレベーター、廊下などであれば居住者が気づくことが多いでしょうが、普段あまり目にしない屋上、外壁、地下ピットなどについては発見が遅れがちです。

できれば年1回は管理組合として、こうした共用部分のチェックを行うとよいでしょう。管理会社の中には、自社の一級建築士が無償で点検し、区分所有者に説明してくれるところもあります。また、多少コストはかかりますが、専門的な第三者にしっかり点検を依頼するのもよいでしょう。

床にビー玉を置いてみるのは無意味

なお、建物の不具合や欠陥というとよく床にビー玉を置いて転がるかどうか見る、といった話があります。しかし、人手でつくる建築物に完全な水平、直角はないといえます。部屋の壁にタンスなどを置くとすき間ができるのは、壁と床が完全な直角になっていないからです。

一応、床の傾斜について瑕疵《かし》（不具合）が存在する目安が公表されているので、図表73を参考にしてみるとよいでしょう。

図表73　床の傾斜勾配と構造耐力上主要な部分に瑕疵がある可能性の関係

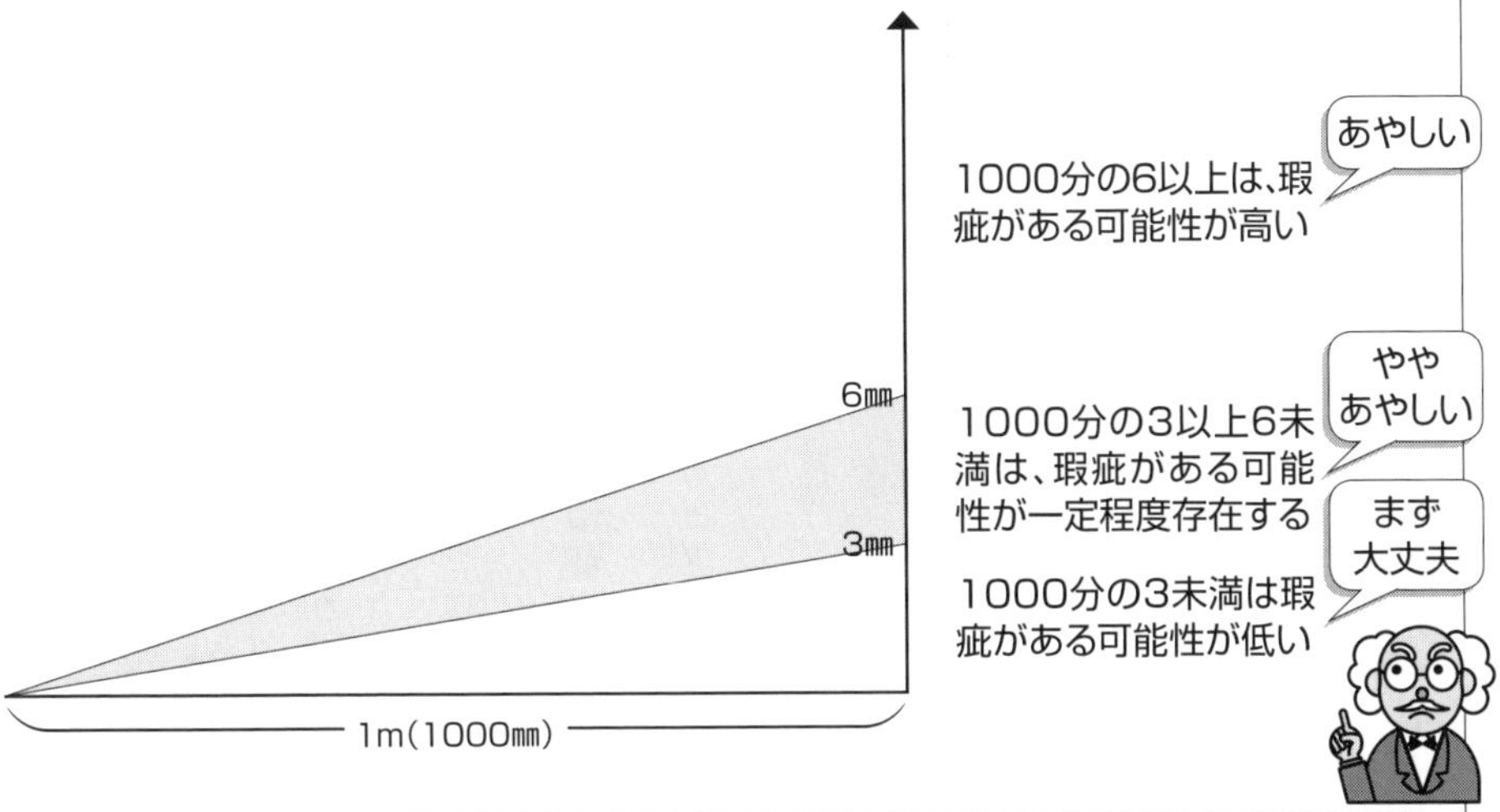
あやしい
1000分の6以上は、瑕疵がある可能性が高い
やや あやしい
1000分の3以上6未満は、瑕疵がある可能性が一定程度存在する
まず 大丈夫
1000分の3未満は瑕疵がある可能性が低い
6㎜
3㎜
1m（1000㎜）

◎「瑕疵」とは一般的には備わっているにもかかわらず本来あるべき機能・品質・性能・状態が備わっていないこと。「欠陥」や「不具合」が含まれる

◎上記の目安の対象は、木造住宅、鉄骨造住宅、鉄筋コンクリート造住宅または鉄骨鉄筋コンクリート造住宅

◎傾斜は、凹凸の少ない仕上げによる床の表面における2点（約3m程度以上離れているものに限る）の間を結ぶ直線の水平面に対する角度をいう

◎新築住宅の売主・請負人は、買主・注文者に引き渡したときから10年間、住宅の構造耐力上主要な部分等の隠れた瑕疵について無過失責任としての瑕疵担保責任（修繕義務等）を負う

※参照：「住宅品質確保促進法」における「住宅紛争処理の参考となるべき技術的基準」。

**欠陥や不具合の発見は
日常のちょっとした違和感が
きっかけになることが多い**

Q71 何らかの不具合が見つかったら、どうすればいい？

管理組合と管理会社に連絡し、原因調査と修繕について相談します。新築時からの問題か、経年劣化によるものかで、その後の対応は違ってきます。

原因をしっかり調べることが重要

自分が住んでいるマンションで何らかの不具合が見つかったら、どうすればいいのでしょうか。

専有部分（各住戸内）の問題であれば、基本的には個別に調査することになります。しかし、専有部分だけの問題か、共用部分を含めてマンション全体の問題なのかは分かりにくいものです。そこで、管理組合（理事会）と管理会社に連絡し、状況の説明とほかの住戸でも同じような不具合がないか調べてもらうのもよいでしょう。

もし、マンション全体の欠陥につながる可能性があるようなら、管理組合（理事会）として売主と交渉したり、専門的な第三者に調べてもらう必要が生じてきます。

ここでポイントになるのが、不具合が新築時から存在した原因によるのか、そうではなく建物や設備の経年劣化、あるいは大地震などの災害によるものか、です。経年劣化や災害によるものについては売主や建設会社の責任とはいえませんし、特に経年劣化については修繕工事が想定されています。新築時から存在した原因によるのか、それとも経年劣化や災害によるものかは、売主や建設会社との交渉で、必ず議論になります。そのため、発見された不具合の原因は何なのか、専門的な調査が必要になります。

これを管理組合（理事会）が自ら行うのは現実的ではなく、実際は売主や建設会社に調査してもらうことが多いでしょう。しかし、相手にとっては自らの責任を認めるような調査を行うのか疑問が残ります。

そのため、多少費用はかかっても専門的な第三者をチェック役として入れるほうが安心だと思います。

図表74　不具合が見つかった後の手続きの流れ

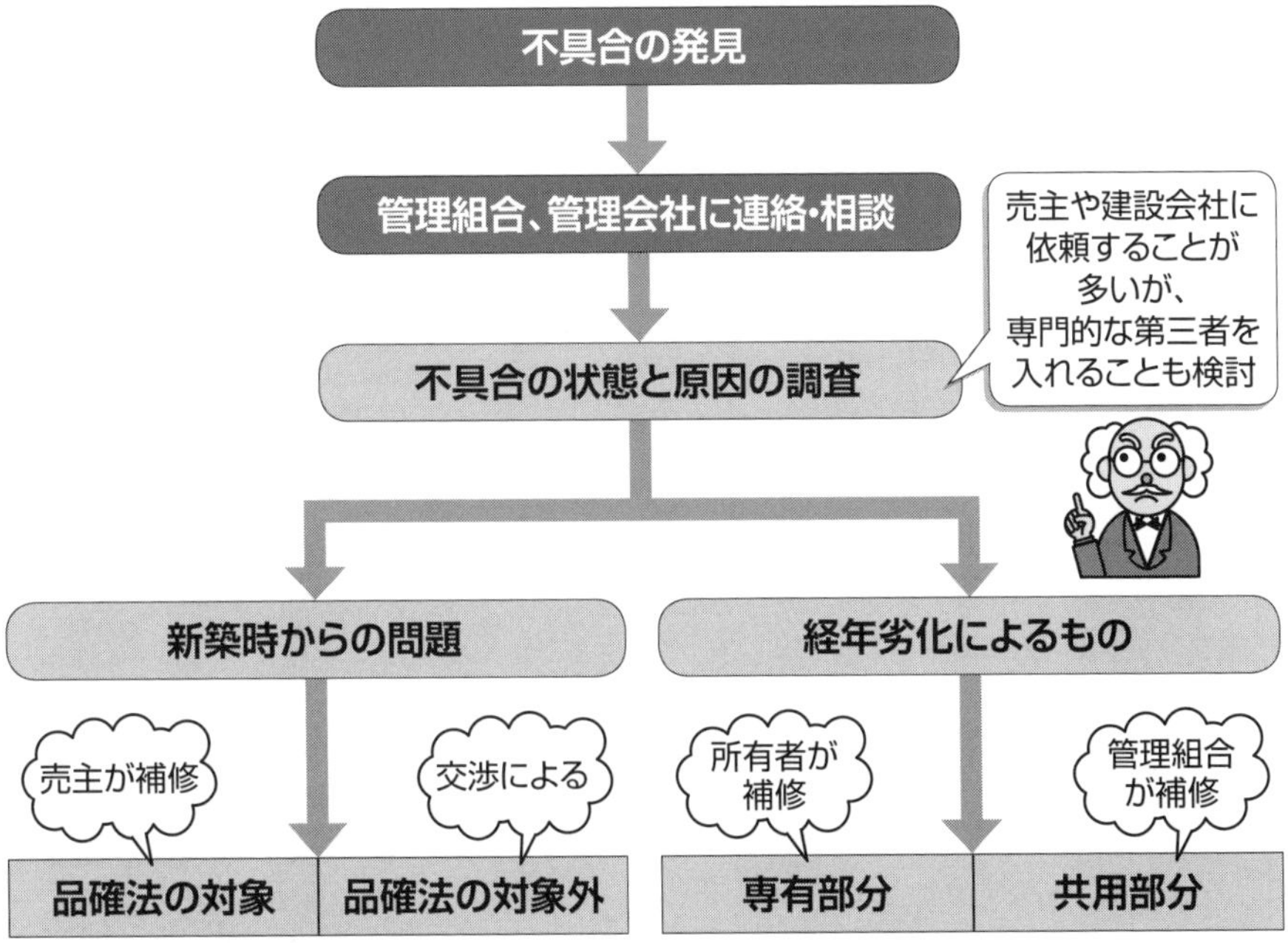

※品確法（住宅の品質の確保の促進等に関する法律）において、新築住宅の基本構造部分については請負人または売主に最低10年の瑕疵担保責任を義務付けている。

品確法の対象となる住宅	・建築請負契約によって建築された新築住宅 ・売買契約によって取引された新築住宅（完成後1年以内の住宅に限る）
品確法における基本構造部分	・構造耐力上主要な部分（基礎、基礎杭、壁、柱、小屋組、土台、斜材、床板、屋根板または横架材など） ・雨水の浸入を防止する部分（住宅の屋根と外壁、開口部の戸・枠・建具など）
品確法で請求できること	・売買契約（新築マンションを購入するなど）の場合は、契約解除、または補修と損害賠償 ・建築請負契約（工務店に頼んで自宅を新築するなど）の場合は、補修と損害賠償

Q72

売主の不動産会社や建設会社に言えば、すぐ対応してくれるのでは？

大手や有名な会社であろうと、一般的に対応は鈍く、のらりくらりとしていることを覚悟しておいたほうがいいでしょう。

対応が遅いのはある意味、当然

マンションの不具合や欠陥について、売主の不動産会社ではアフターサービスの担当部署が対応します。管理組合（理事会）からの問い合わせに対して回答したり、調査結果について説明したり、実際の補修を行うことになれば建設会社に指示したりします（区分所有者と建設会社の間には直接の契約関係はないため）。

当社でもよく、顧問先の管理組合をサポートする一環として、不動産会社のアフターサービス部門とやり取りすることがあるのですが、一般的に対応は鈍く、のらりくらりとしています。

管理組合（理事会）が指摘する不具合や欠陥が本当にそうなのか、事実関係を確認しないと動けないということもあるのかもしれませんが、基本的にアフターサービスは利益を生むというより、コストが発生する部署です。担当者も社内のエース級が配属されるかというと、そんなことはありません。

また、売主は不具合や欠陥の調査はもちろん、その後の補修については施工した建設会社にやらせますが、費用負担の問題などがあり、対応が遅れがちです。

さらにこうした場合、間に管理会社が入るとさらに情報のやり取りだけで何段階もかかり、全く進まないということになります。意図的に対応を遅らせることもあるのではないかと疑いたくなることもしばしばです。

一方、管理組合の役員のみなさんはボランティアで毎日、仕事や家事があり多忙です。売主の不動産会社や建設会社との交渉では、建築や法律の知識が必要となることもあります。できればそうした専門知識のある区分所有者を募り、専門委員会を設けることが望ましいでしょう。さらに、専門的な知識と経験のある第三者のサポートを受けるのも有力な選択肢です。

図表75　区分所有者と不動産会社、建設会社の関係

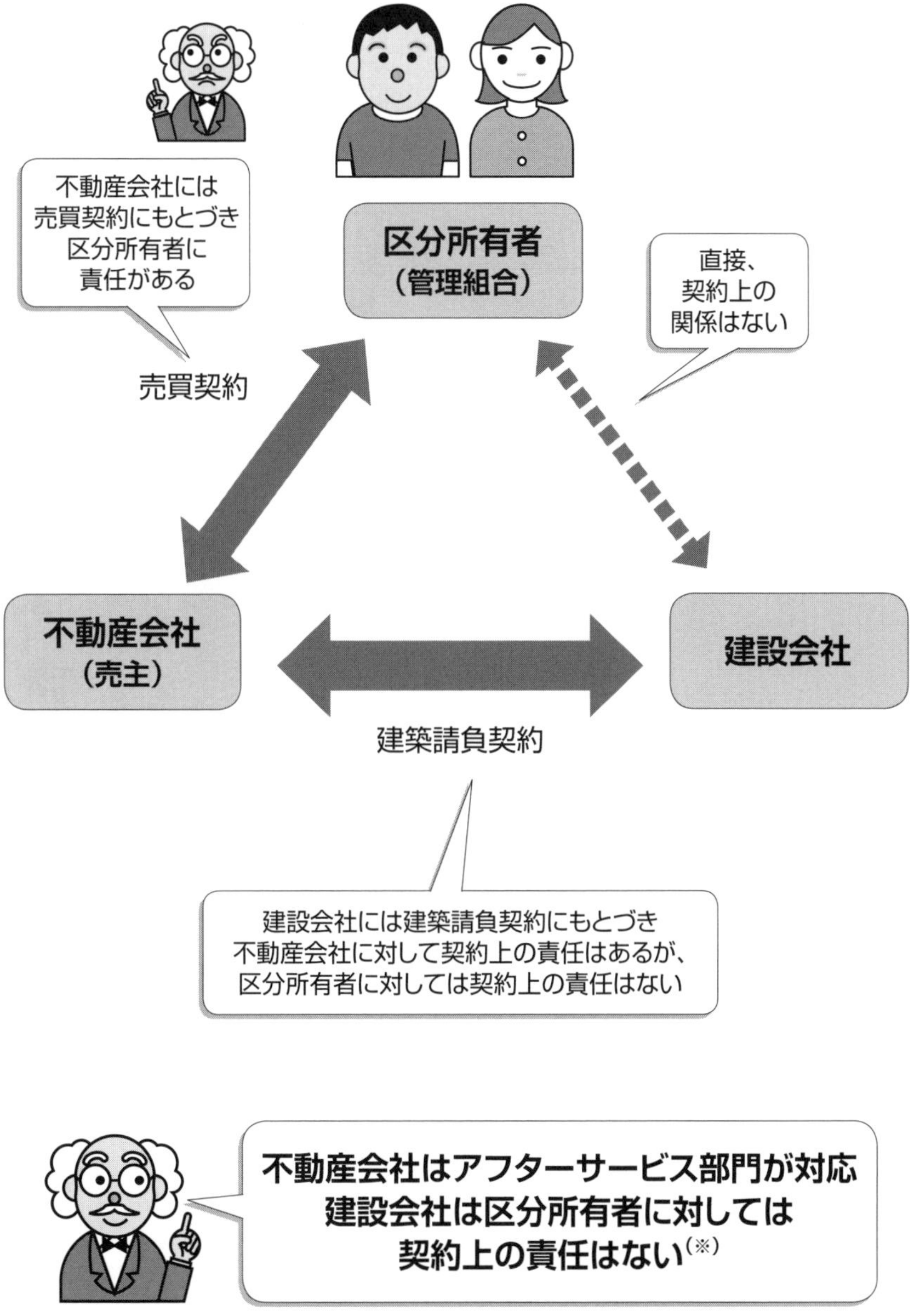

不動産会社には
売買契約にもとづき
区分所有者に
責任がある
区分所有者
（管理組合）
直接、
契約上の
関係はない
売買契約
不動産会社
（売主）
建設会社
建築請負契約
建設会社には建築請負契約にもとづき
不動産会社に対して契約上の責任はあるが、
区分所有者に対しては契約上の責任はない
不動産会社はアフターサービス部門が対応
建設会社は区分所有者に対しては
契約上の責任はない（※）

※故意や過失など一定の要件を満たせば、不法行為にもとづく損害賠償を請求できる可能性がある。

Q73 不具合について、「アフターサービス」を活用すべきなのはなぜ？

アフターサービスの期間内であれば、不具合が引き渡し時に存在していたことを証明しなくても、売主に無償での補修を請求できることがあります。

かなりのところまでアフターサービスで無償補修が可能

「アフターサービス」とは、新築マンションの売主である不動産会社が、建物や設備について一定期間内に発見された不具合について、無償で補修してくれるものです。これは売主の好意でもサービスでもなく、売買契約に付随する保証契約の一種です。

「アフターサービス」の最大のポイントは、不具合の原因等が不明でも、無償補修してもらえることです。民法では2020年4月からの改正で、購入したマンションに不具合があれば、買主は売主に対して契約不適合責任として、契約解除や損害賠償のほか追完（完成品にする）請求ができますが、不具合が引き渡し時に存在していたことは買主が証明しなければなりません。それに比べ、「アフターサービス」のほうがハードルは低いでしょう。

このように、アフターサービスは不具合の対応として利用しやすく、早い段階で補修することで建物や設備の性能を維持する上でも重要です。

ただし、アフターサービスの対象となる部位ごとに適用期間が決まっており、品確法の「基本構造部分」は10年ですが、そのほかの部位は2年となっているケースが多く、当初2年の間に不具合を見つけることがとても重要です。

ところが、多くの買主（区分所有者）は、不具合のチェックを行うとしても自分が買った住戸（専有部分）にしか意識が回らず、共用部分はあまり見ない傾向があります。マンションの建物や設備の大部分は共用部分であり、そこをしっかりチェックしなければ意味がありません。

また、建物や設備の不具合は素人には分かりにくく、アフターサービスによる補修工事が妥当か、適切に行われたかのチェックにも専門的な第三者を活用するのがお勧めです。

図表76　「アフターサービス」による無償補修の流れ

ステップ1	事前準備	理事会の諮問機関として、専門委員会を立ち上げる。そして、分譲時のパンフレットや管理組合が受け取っている設計図面を確認する
ステップ2	調査及びアンケートの実施	共用部分については理事会や専門委員会のメンバーが調査を行う。専有部分についてはアンケートを実施して調べる。必要に応じて第三者の専門家にサポートを依頼する
ステップ3	精密調査	必要な場合は、外壁タイルの打診調査、材料の抜き取り調査、鉄筋の配筋状況のレーダー調査などを行う
ステップ4	レポート作成	管理組合として調査結果をまとめたレポートを作成する
ステップ5	売主や建設会社との折衝	売主の不動産会社や工事を行った建設会社と、不具合の箇所や補修方法などについて折衝する
ステップ6	補修工事	工事の状況や終了時のチェックを行う。必要に応じて第三者の専門家のサポートを依頼する
ステップ7	最終報告	大規模な補修については、新たにアフターサービスの保証を付ける。管理組合として最終報告をまとめて記録を残す

図表77　第三者を活用した「アフターサービス」の効果例

＜7階建て、全30戸、2016年竣工＞

	アフターサービスの内容	金額
依頼業務	2年目アフターサービスに関する下記の業務 ・建物点検調査業務 ・報告書作成業務 ・売主折衝補助業務 ・補修完了検査業務	【費用】 **180万円**（税別）
結果	建物全体で**860カ所**の不具合を発見、指摘。その後、売主との交渉を経て、延べ**3700時間分の補修工事を売主の負担において実施**	【工事評価額】 **合計2210万円**（税別） 直接工事費　1670万円 仮設費　170万円 現場管理費　170万円 一般管理費　200万円

※当社事例による。

180万円の費用

↓

2210万円分（原価）の
無償補修

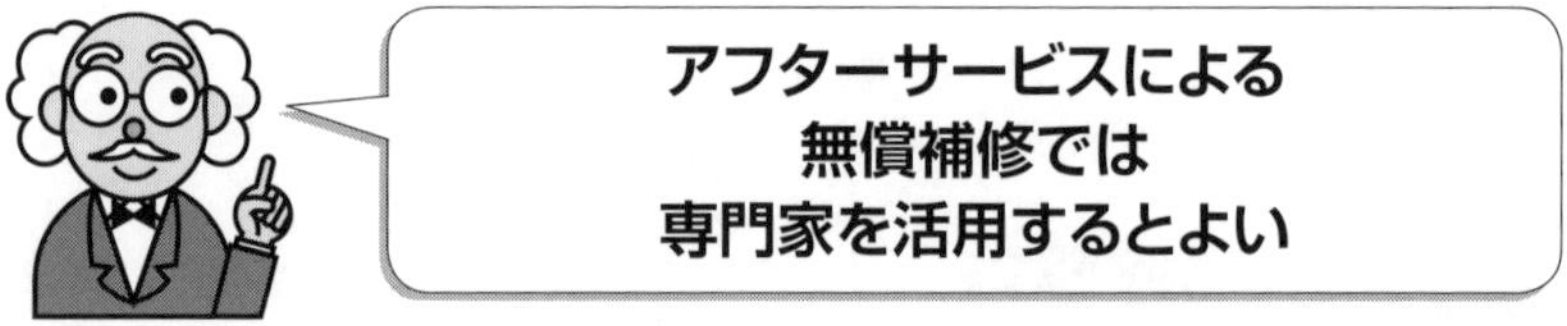
アフターサービスによる
無償補修では
専門家を活用するとよい

第10章

マンションの寿命と大地震の影響について考える

Q74 マンションの寿命って、本当のところどれくらいなの？

マンションの構造をつくる鉄筋コンクリートそのものの寿命は60年ほど。給排水管など設備関係や間取り、管理組合の財務も関係します。

建物自体の寿命は60年くらい

マンションの寿命については、さまざまな要素が関係します。まずハード面で重要なのが、鉄筋コンクリートの物理的な寿命です。鉄筋コンクリートは、引っ張りに強い鉄筋と圧縮に強いコンクリートを組み合わせたもので、また強アルカリ性のコンクリートが鉄筋のサビを防ぐことで耐久性を発揮します。

しかし、コンクリートは大気中の二酸化炭素などで表面から次第に中性化し、それが鉄筋の部分にまで到達すると、鉄筋がサビて周囲のコンクリートを破壊。建物全体の強度が低下し、マンションの物理的な寿命が尽きます。

また、ハード面では給排水管など設備類も影響します。給排水管はメンテナンスしていても概ね30～40年程度で交換が必要になり、交換しやすいかどうかでコストなどが大きく変わります。

ハード面では住戸の広さや間取り、設備機器も関係します。かつて昭和20年代に登場した公団アパートは40㎡台の広さながら、DK形式の間取りやステンレスの流しがファミリー層の憧れの的でしたが、いまでは通用しないでしょう。

今後、注意すべきは自然災害の影響

一方、ソフト面では管理組合がちゃんと活動しているかどうかが重要です。管理組合が機能しなくなれば、ハード面の本来の耐久年数が実現できません。特に、財務状況が悪化すると、管理組合の機能不全につながりかねません。

さらに今後、マンションの寿命に大きな影響を与えそうなのが自然災害です。特に大地震は、建物の強度に重大な被害をもたらすことがあり、一気に寿命が尽きてしまうこともあります。大地震の影響については次項から詳しく見ていきます。

図表78　鉄筋コンクリートの劣化と寿命のイメージ

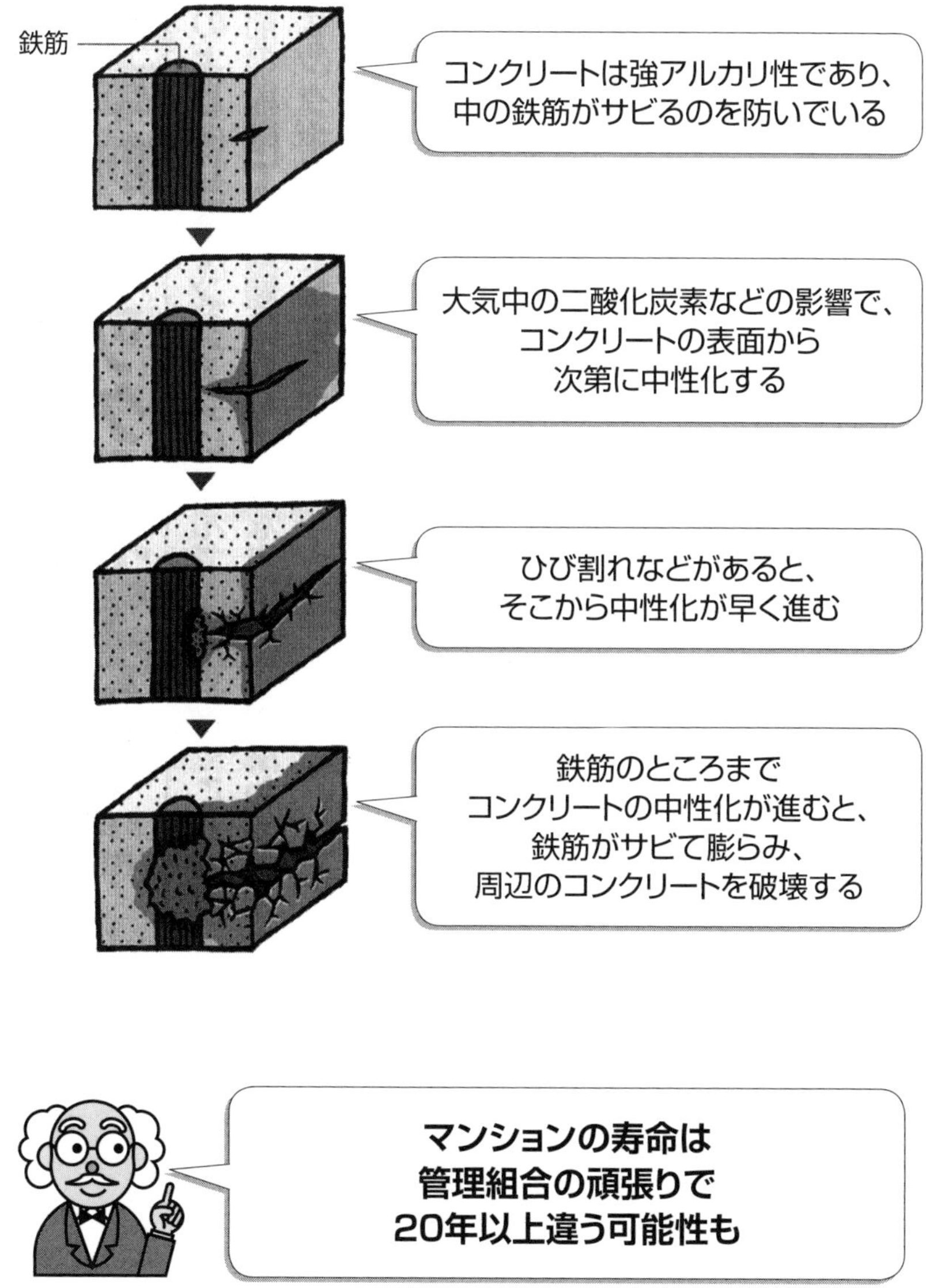
鉄筋
コンクリートは強アルカリ性であり、中の鉄筋がサビるのを防いでいる
大気中の二酸化炭素などの影響で、コンクリートの表面から次第に中性化する
ひび割れなどがあると、そこから中性化が早く進む
鉄筋のところまでコンクリートの中性化が進むと、鉄筋がサビて膨らみ、周辺のコンクリートを破壊する
マンションの寿命は管理組合の頑張りで20年以上違う可能性も

Q75

大地震で建物には、どんな被害が発生するの？

大地震で建物が壊れるプロセスにはいくつかの段階があり、共振現象が大きく関係しているといわれます。

共振現象で一気に損傷が進む

大地震の被害はマンションの寿命を大きく左右します。自分が所有し住むマンションは大丈夫なのか。大地震とマンションの安全性の関係について基本的な知識を持っておきましょう。

そもそも、大地震で建物が壊れるのは、地盤の揺れが建物に伝わるためです。

マンションの場合、鉄筋コンクリートによって建物全体が一体につくられており、中小の地震では建物が多少変形しますが、柱や梁、壁が踏ん張ってすぐ元に戻ります。お皿に豆腐を乗せ、皿を揺すると豆腐もプルンプルン揺れますが、しばらくすると元に戻るのと同じです。

しかし、大地震になると揺れのエネルギーは巨大です。揺れが大きくなるにつれて建物の変形も大きくなり、あるところで耐えきれなくなります。その結果、柱や梁にひびが入ります。こうなるともう元の形状には戻ることができず、さらに少し力が加わるだけで大きく変形していき、最後には倒壊してしまうのです。

こうした建物の損傷に大きく影響するのが、共振現象です。例えばブランコに乗ったとき、ブランコが揺れる周期に合わせて少し力を加えるだけで、揺れが大きくなります。

マンションのような建物にもそれぞれ固有の振動周期があり、大地震の強い振動の周期が一致すると、「共振現象」が起こります。共振現象が起こると大きな力が特定の部材や接合部にかかり、そこから一気に損傷が進んで建物が倒壊してしまうのです。

図表79　建物が地震で壊れるプロセス（イメージ）

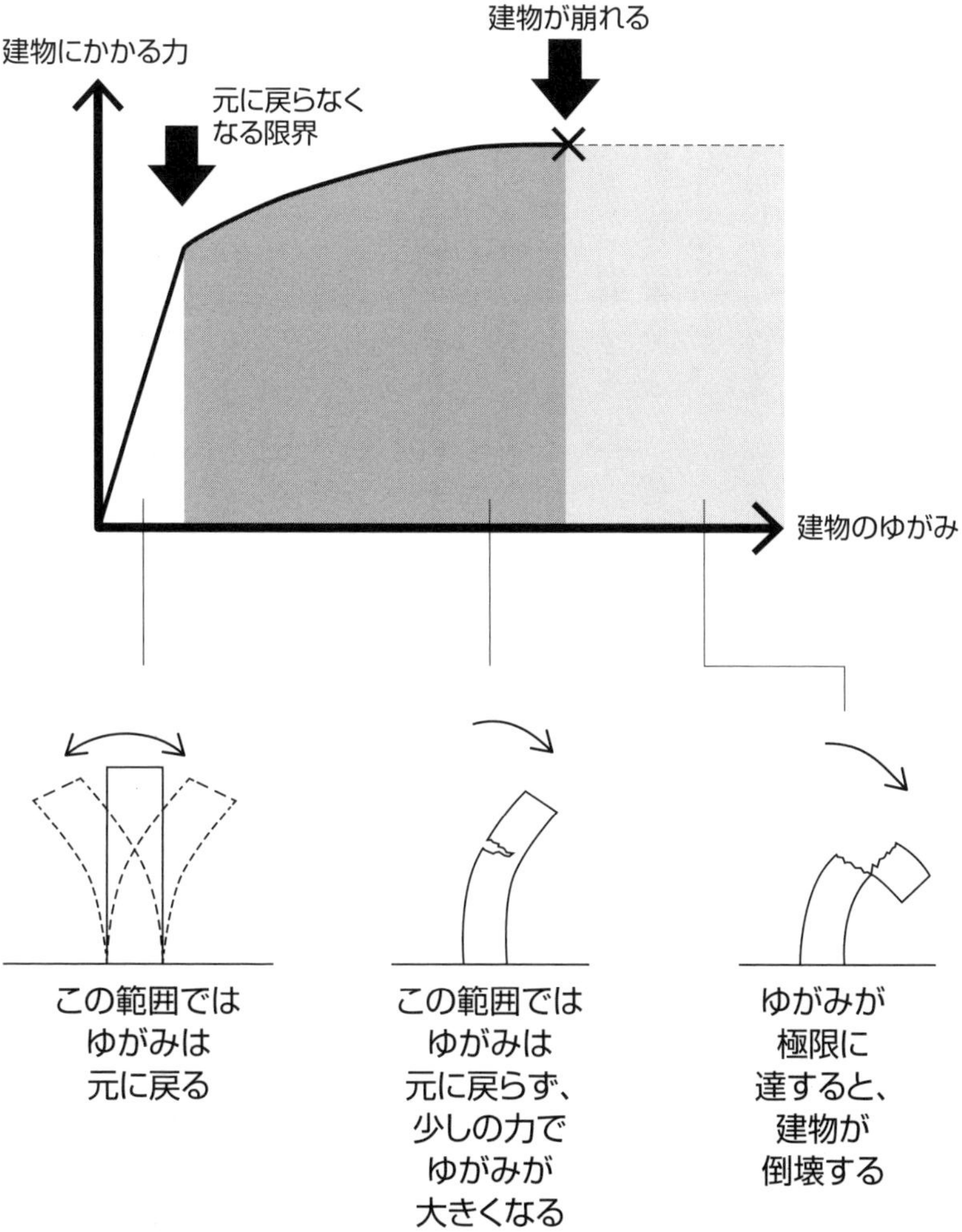

建物が崩れる
建物にかかる力
元に戻らなくなる限界
建物のゆがみ
この範囲ではゆがみは元に戻る
この範囲ではゆがみは元に戻らず、少しの力でゆがみが大きくなる
ゆがみが極限に達すると、建物が倒壊する

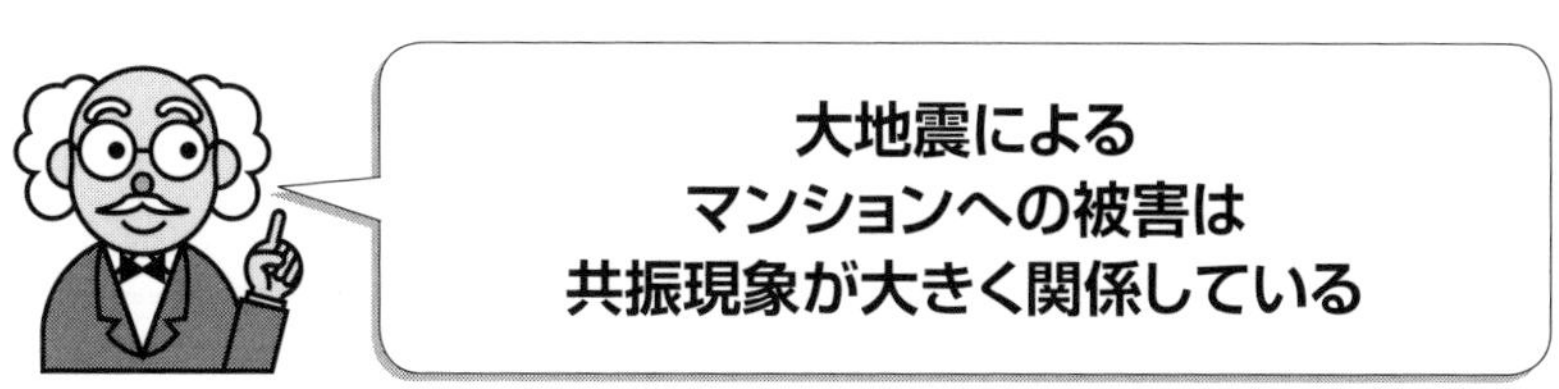

大地震によるマンションへの被害は共振現象が大きく関係している

Q76

「免震マンション」なら、大地震でも大丈夫じゃないの？

免震は大地震の揺れを軽減する効果が期待されますが、長周期地震動の影響など未知の部分もあります。「絶対、大丈夫」というわけではありません。

揺れを受け流す「免震」、揺れを打ち消す「制震」

地震に対する建物の安全性を確保するためには、もともと「耐震」という考え方が基本になっています。これは建物の構造を頑丈につくり、地震の揺れに対抗するものです。

それに加えて、最近は技術開発が進み、「免震」や「制震」という新しい考え方も出てきています。

「免震」とは、地震の揺れを〝受け流す〟装置を基礎と建物の間に設置するもので、マンションの場合、特殊なゴムと鉄板を何層にも積み重ねた円柱の部材（アイソレーター）を使うケースが一般的です。

もうひとつの「制震」は、地震の揺れを〝打ち消す〟装置を構造に組み込むものです。こちらもいろいろな方法があり、柱や梁の間に鋼製のダンパーを入れたりします。

免震、制震ともにコストが掛かり、マンションではタワーマンションなど大規模な建物で免震を採用するケースが見られますが、制震は中古マンションの耐震補強で少し見られる程度です。

免震、制震にも弱点が

そもそも、耐震、免震、制震いずれの方法を用いるにしろ、現在の建築基準法で定められた耐震性をクリアしているという点では共通します。耐震よりも免震、制震のほうが耐震性が高くなるというわけではありません。

むしろ、免震については地震による揺れの周期が非常に長い「長周期地震動」において、共振現象が発生しやすいのではないかという指摘があります。

中古マンションの耐震補強で制震を採用する場合は、建物に制震用の部材や装置をどのように設置するかが問題になります。

図表80 「耐震」と「免震」「制震」のイメージ

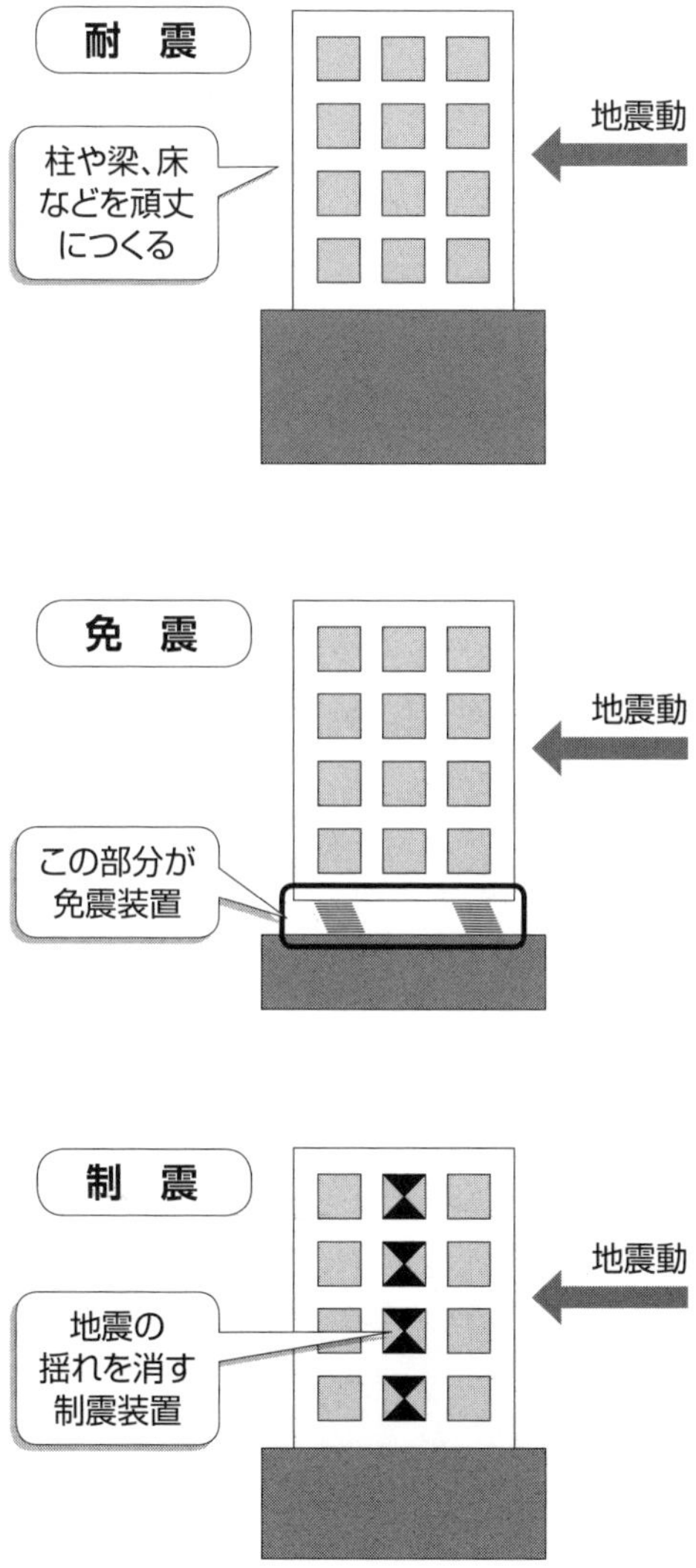

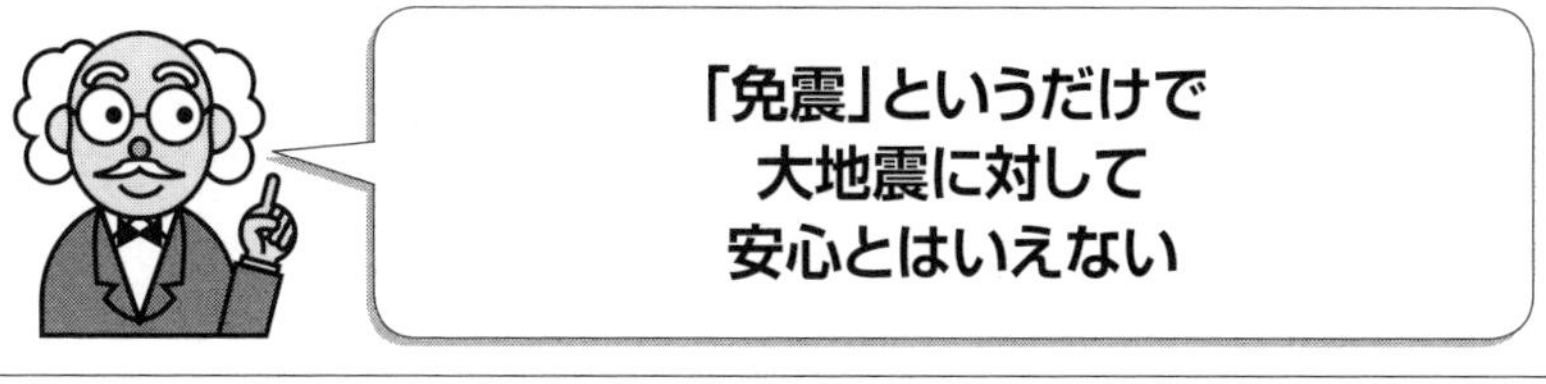

Q77 築年によって、耐震性に差があるってホント？

1981年5月末以前に建築確認を取得している場合は「旧耐震基準」での設計。大地震で大きな被害を受ける可能性があることは知っておきましょう。

築年によって「新耐震」と「旧耐震」に分かれる

日本は昔から繰り返し、大地震の被害に見舞われてきました。その被害を少しでも抑えるため、建築物の耐震性の基準についてはたびたび見直しがされてきました。

地震による建物の損傷を防ぐには、柱や梁、壁などの構造を頑丈で粘り強いものにすることが基本となります。

現在、建築基準法で定められている耐震性の基準は「新耐震基準」、それ以前の耐震性の基準は「旧耐震基準」と呼ばれます。

「新耐震基準」では簡単にいって、

①数十年に一度発生する中規模の地震においては、構造躯体が損傷しないこと

②数百年に一度発生する大規模な地震においては、構造躯体が倒壊・崩壊しないこと

という2段階の目標を設けています。

①の「数十年に一度発生する地震」とは、東京などでは震度5強に当たります。また、「損傷しない」とは無傷であることです。ただし、損傷しないのは柱や梁などの構造部分に限られ、外装や内装、雑壁などの損傷は仕方ないと考えます。

一方、②の「数百年に一度発生する地震」とは、東京などでは震度6強から震度7に当たります。そして、「倒壊、崩壊」とは、人が建物の下敷きになって圧死するような状態をいいます。つまり、震度6強から震度7の地震が起こった場合、建物が被害を受けても人が圧死するような事態は避けるということです。

「旧耐震基準」では①をクリアすればよく、②は求めていません。旧耐震基準で建てられたマンションは、鉄筋の量やコンクリートの厚さが新耐震基準より緩く、震度6強から震度7の大地震になると建物が倒壊・崩壊する危険性があるとされます。

図表81　旧耐震は要注意！

地震規模	旧耐震 注意	新耐震
中（震度5強程度）	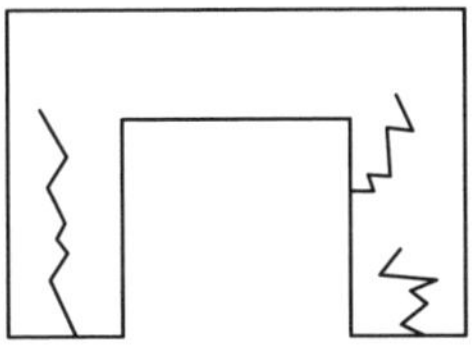 倒壊せず、修復すれば使用可	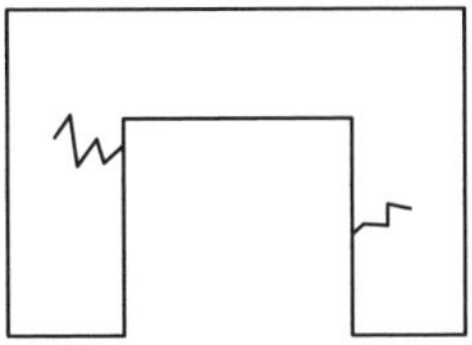 軽微なひび割れ程度
強（震度6強程度）	特に規定はない	 倒壊させない

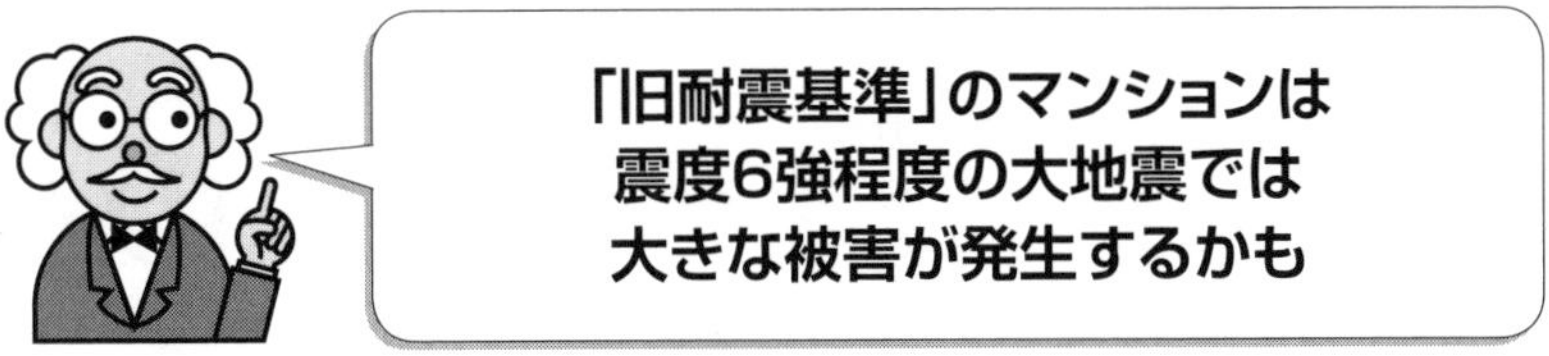

Q78

中古マンションの耐震性をチェックする方法はあるの？

専門家に頼んで、現在の「新耐震基準」と比べてどれくらい耐震性が不足しているのかを数値で確認する方法があります。

建築確認が1981年6月1日以降かどうか

中古マンションの耐震性については、現在の建築基準法の目安（新耐震基準）を満たしているかどうかがポイントになります。

「新耐震基準」は1981年6月1日から適用されているもので、この日以降に建築確認を受けていれば新耐震基準にもとづいて構造計算が行われているはずです。ただ、注意しなければならないのは、マンションが完成した日では判断できないことです。

マンションはその規模にもよりますが、建築工事に数カ月から1年以上かかります。1981年6月以降に建築確認を受けたとすると、完成したのは早くて1982年以降でしょう。

新耐震基準が適用される前に設計されたマンションでは、「耐震診断」を行うことが望ましいとされています。

耐震性能はさまざまな能力で決まる

「耐震診断」は、図面や現地調査にもとづき、建物が備える耐震性能を数値で評価するものです。

ここでいう耐震性能とは、地震のエネルギーを吸収できる能力のことで、次の4つで決まってきます。これらを評価した上で、マンションの耐震補強が必要かどうかを判断します。

①強さ………地震の揺れに耐える頑丈さ
②粘り強さ…地震の揺れを逃がすしなやかさ
③建物状況…建物の平面や断面の形状とバランス
④経年状況…建物の老朽化の度合い

実際の耐震診断のやり方は複雑で、専門家に依頼して行う必要があります。ここで詳しく触れることはできませんが、重要と思われるポイントを挙げておきましょう。

図表82　マンションの耐震性能は4つの要素で判断

要素1	強さ	地震の揺れに耐える頑丈さ
要素2	粘り強さ	地震の揺れを逃がすしなやかさ
要素3	建物状況	建物の平面や断面の形状とバランス
要素4	経年状況	建物の老朽化の度合い

※参考:国土交通省「マンション耐震マニュアル」。

中古マンションの耐震性能は大きく分けて4つの要素で判断する

図表83　耐震診断の種類と安全とされる数値の目安

診断法	マンションの構造	構造耐震指標と構造耐震判定指標
第1次診断法	壁が多い低層建物	Is値≧0.8
第2次診断法	中低層建物（4〜10階建て程度）	Is値≧0.6
第3次診断法	高層建物（10階建て以上）	Is値≧0.6

※各診断は順に行うのではなく、通常、建物の規模などによりいずれかの診断を行う。

マンションでは第2次診断法が一般的

まず、耐震診断では対象となる建物の各階について、直角に交わる2方向それぞれの柱や梁の断面積及び鉄筋量をもとに「構造耐震指標（Ｉｓ値）」と呼ばれる数値を算出します。建物全体の耐震性能をひとつの数値で表すのではなく、何階のどの方向が弱いのかという表し方をするわけです。

次に、「構造耐震指標」の算出に当たっては、計算レベルが異なる第1次診断法、第2次診断法、第3次診断法があります。第1次診断法はかなり簡便で、第3次診断法は極めて精密・高度であり、鉄筋コンクリートのマンションでは第2次診断法を用いることが多いようです。

こうして「構造耐震指標（Ｉｓ値）」を計算したら、現在の新耐震基準で同じような建物を設計する場合に必要とされる耐震性能を表す「構造耐震判定指標（Ｉｓｏ値）」と比較します。

一般に「構造耐震判定指標（Ｉｓｏ値）」は第1次診断法では0・8、第2次診断法、第3次診断法では0・6とされます。つまり、第2次診断法を用いた場合、「構造耐震指標（Ｉｓ値）」が0・6以上あれば新耐震基準と同等の耐性があり「安全」、0・6未満だと「疑問あり」という判定になります。

Q79

中古マンションで耐震性が不足しているとなった場合、どうすればいいの？

専門家に頼んで、耐震補強の方法を検討し、工事を行うのが基本です。自治体による補助などもあるので活用しましょう。

耐震改修工事にはさまざまな方法がある

現在の新耐震基準が導入される前に設計された中古マンションで耐震診断の結果、耐震性に「疑問あり」となった場合は、耐震改修工事を行ったほうがいいでしょう。

耐震改修工事には、構造部分の強度をアップさせるほか、粘りをアップさせたり、建物全体のバランスを改善するなどいろいろなやり方があります。

例えば、強度をアップするには、既存の構造体に新たな鉄骨ブレースや耐震壁、袖壁を設けたりします。粘りをアップするには、柱に鉄板や炭素繊維を巻いたりします。

それぞれのマンションの状況に応じて、適切な方法を採用することが重要です。

なお、耐震性アップのための改修工事は柱や梁、壁など構造躯体の工事を伴い、通常の大規模修繕工事より大掛かりになりやすく、費用がかかります。また、工事後に使い勝手や採光、外観などに影響を及ぼすこともあります。

管理組合としては事前にアンケート調査を行ったり、説明会や意見交換会を開くなど、合意形成を上手に図ることも不可欠でしょう。

なお、中古マンションの耐震診断や耐震補強については、補助金を出す自治体が増えています。

例えば、東京都足立区の場合、マンションの耐震診断に対しては診断費用の2分の1で上限500万円（ただし、戸数×10万円以内）、耐震改修計画の策定に対しては策定費用の2分の1で上限300万円、耐震改修工事に対しても工事費用の2分の1で上限3000万円が助成されます。

こうした助成金を上手に活用することはとても重要です。

図表84　耐震補強の進め方

ステップ1	準　　備	地元の自治体等に相談しながら、管理組合として耐震診断の実施を決定。予算を確保し、専門家に依頼する
ステップ2	耐震診断	設計図面や現地調査をもとに、Is値(構造耐震指標)を算出する Is値 ≧ 0.6 …… 安全 Is値 ＜ 0.6 …… 安全性に疑問あり
ステップ3	検　　討	耐震診断の結果を踏まえ、耐震化の手法などを検討する。区分所有者への報告、情報提供、説明なども行う
ステップ4	計　　画	具体的に耐震補強の手法を選定し、予算や費用負担について計画を立てる。最終的に組合総会で議決する
ステップ5	耐震改修工　　事	工事業者を選定し、耐震改修工事を実施する

自治体によっては
耐震診断や耐震改修工事に
補助金を用意している

Q80 将来、マンションの建て替えはできる？

これまで建て替えに成功したマンションは全国で300棟未満。できないことはありませんが、ハードルはかなり高いのではないでしょうか。

コストの負担が最大のネック

国土交通省によれば、2018年（平成30年）末時点で築40年超の分譲マンションは全国に81・4万戸あり、マンション全体のストック総数に占める割合は約1割です。これが10年後には約2倍の197・8万戸、20年後には約4・5倍の366・8万戸となる見込みです。

一方、2019年4月時点で、建て替え工事が完了済みのマンションは全国で243件、実施中を含めても277件に過ぎません。築40年超の分譲マンション（81・4万戸）に対する比率では限りなくゼロに近いのが現状です。

分譲マンションの建て替えがなかなか進まない理由はいろいろありますが、一番大きいのはコストの負担です。マンションを建て替えるとなると、一戸当たりおそらく1000万円を超えるコストがかかります。築年の古いマンションは高齢者も多く、建て替えに向けて区分所有者が合意するハードルは、相当高いといわざるをえません。

また、築年の古いマンションの場合、建てられた当時に比べて法律の規制が厳しくなり（特に容積率の規制）、建て替えると現状より住戸の面積が狭くなったり、住戸の数を減らさなければならないケースも少なくありません。実際、これまで建て替えに成功したケースでは、マンションの敷地にかなり余裕があり、建て替えによって元よりも多くの住戸をつくることができ、それを販売することで建て替え費用をカバーできるケースが目立ちます。

今後に向けて国では、建て替えにおいて容積率を緩和する案なども検討しているようですが、ハードルがそう簡単に下がるとは思えません。現状のマンションをきちんと管理し、なるべく寿命を延ばすよう対応するのが現実的でしょう。

図表85　マンション建て替えに成功したケースに共通する主な条件

1	もともと敷地に余裕がある（より大きな建物が建てられる）
2	建築後の法律改正などに違反していない（既存不適格でない）
3	立地が良く、建て替えたマンションの資産価値が見込める
4	建て替えで生まれる新しい住戸が、比較的高く売れる
5	建て替え事業に協力してくれる不動産会社がいる（事業として経済的に成り立つ）
6	もとからの居住者にほとんど金銭的な負担が発生しない（建て替えで生まれる新しい住戸を売却した資金を補填するため）

マンションの建て替えは簡単には進まない前提でまず管理をしっかり行うべきだ

Q81

建て替え以外にどんな選択肢があるの？

耐震性が不足するなど一定の条件を満たした場合、区分所有者の多数決で建物と土地を一括して売却し、代金を分配するという方法もあります。

5分の4の賛成で建物と敷地の一括売却が可能

これから老朽化したマンションはどんどん増えていきます。しかし、コストの負担などがネックになり、これまで建て替えに成功したケースはそれほど多くありません。

そこで、建て替え以外の選択肢として注目されるのが、分譲マンションにおける区分所有関係を解消し、建物と土地を一括売却する方法です。

そもそも、分譲マンションの建物には専有部分と共用部分（共有）があり、敷地は区分所有者の共有です。共有物について民法の原則では、共有者全員の合意がなければ売却することはできません。

しかし、2014年に改正された「マンションの建替え等の円滑化に関する法律」（建替え円滑化法）によって、一定の条件を満たせば、多数決によってマンションの建物と土地を一括して売却することが可能になりました。

この制度の対象となるのは、「旧耐震基準」で建てられ、耐震性が不足していると認定されたマンションです。手続きとしては都道府県知事等の認定を受けた上で、管理組合の総会を開き、区分所有者の数、議決権及び敷地利用権の持分価格の各5分の4以上の多数の賛成が必要とされます。さらに、決議に賛成した区分所有者は、その4分の3以上の同意でマンションの建物と敷地を売却する組合を設立します。

これと並行して、マンションの建物と土地の買い手を探さなければなりません。通常は、跡地に新築マンションを建てようと考えるデベロッパー（不動産会社）などになるでしょう。買い手は、管理組合の総会決議の前に買受計画を作成し、都道府県知事等の認定を受けます。総会決議で定める買受人は、認定を受けた者で

図表86　老朽化した分譲マンションの取り扱い

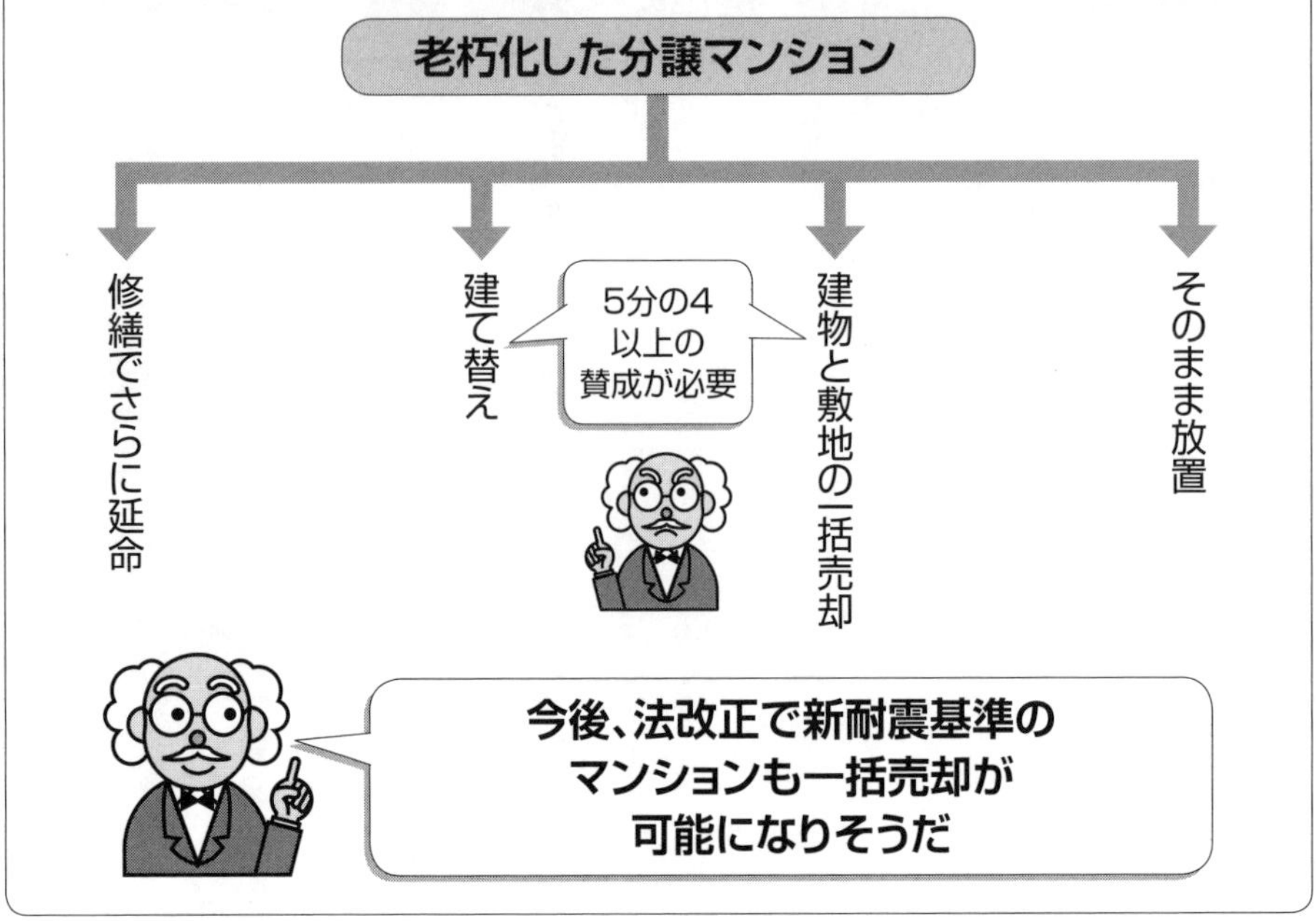

なければならないことになっているのです。

その後、マンションの建物と土地を売却するために設立された組合と買い手との間で売買契約を結び、買い手は組合に売買代金を支払い、買い手が買受計画に従って元のマンションを解体・撤去します。買い手が跡地に分譲マンションを新たに建てる場合、再び入居を希望する人は売却代金などで購入すればいいでしょうし、希望しない人は他の住宅を探すことになるでしょう。

ただし、この制度にも限界があります。そもそも、対象となるのは旧耐震基準で建てられたマンションに限られますし、都道府県知事等の認定を受けなければなりません。単に老朽化しているというだけでは、認められないこともありえます（※）。

また、あらかじめ買い手が決まっていないといけません。先ほどふれたように買い手は一般的にはデベロッパー（不動産会社）が想定され、新たに分譲マンションを建てて販売するものと思われます。つまり、分譲マンションに適した立地でなければ買い手が見つからないおそれもあります。

このような限界もありますが、老朽化したマンションについて建て替えとは別の選択肢ができた意義は大きいでしょう。

※国（国土交通省）では、外壁の剥落などで居住者や近隣住民に危険が生じるおそれがある場合も、建替え円滑化法における建物と敷地の一括売却の対象に含める方針とされます（２０２０年４月時点）。

巻末1

ここまでできる！
管理委託費見直しケース8

管理委託費の見直し　管理会社継続

ケース1　売主の看板物件、ほかの管理会社から見積りを取ることで大幅な見直しに成功

7棟、地上5～16階、1310戸

（単位：円）

項目	仕様・内訳	従前（年間）	見直し後（同）	差額
1.事務管理業務費		22,623,300	5,054,400	**17,568,900**
2.管理要員業務費				
(1)管理員業務費	5名、9:00～18:00	17,437,680	15,454,800	1,982,880
(2)防災センター業務費	3名、18:00～9:00	20,464,488	16,232,400	4,232,088
(3)フロント業務費	2名、10:00～21:00	10,692,000	8,485,560	2,206,440
(4)管理事務業務費	1名、10:00～17:00	1,771,956	1,652,400	119,556
3.清掃業務費				
(1)日常清掃費	週7日、8:00～16:00	22,958,640	20,217,600	2,741,040
(2)定期清掃費	1回／2カ月	8,806,320	4,374,000	4,432,320
(3)特殊設備費	年1回	233,280	155,520	77,760
4.植栽管理業務費		10,886,400	7,776,000	3,110,400
5.建物・設備管理業務費				
(1)外観目視点検費	建物、附属設備年1回 諸設備1回／3カ月	2,041,200	0	2,041,200
(2)ポンプ設備費	給水ポンプ2回／年 排水ポンプ1回／年	664,848	194,400	470,448
(3)給水設備費	年1回	377,136	233,280	143,856
(4)排水設備費	排水管清掃年1回	5,832,000	3,888,000	1,944,000
(5)消防用設備費	年2回	3,160,944	2,332,800	828,144
(6)エレベーター設備費	17基、フルメンテナンス	14,595,552	6,123,600	**8,471,952**
(7)機械式駐車場設備費	180台、1回／3カ月	2,500,956	1,166,400	1,334,556
(8)ディスポーザー排水処理設備費		1,109,052	972,000	137,052
(9)エアコン設備費	年1回	979,776	923,400	56,376
(10)自動ドア設備費	3回／年	908,820	359,640	549,180
6. 24時間緊急受付業務費		194,400	0	194,400
7.機械警備業務費		1,163,290	729,000	434,290
計		**149,402,038** ➡	**96,325,200**	**53,076,838**
				▲35.5%

もともとの金額が高すぎた

独立系のメンテナンス会社に変更

売主の看板物件は
系列管理会社の
変更を避けるため、
大幅に下がることも

管理委託費の見直し　管理会社継続

ケース2　項目ごとに金額を細かく見直すことで、2割程度の削減は十分可能

2棟、地上5〜7階、108戸

（単位：円）

項目	仕様・内訳	従前（年間）	見直し後（同）	差額
1.事務管理業務費		2,073,600	1,101,600	972,000
2.管理員業務費	月〜金9:00〜17:00、土9:00〜12:00	2,970,000	2,700,000	270,000
3.清掃業務費				
(1)日常清掃業務費	1名、月〜土8:00〜15:30	2,484,000	2,300,400	183,600
(2)定期清掃業務費	4回／年	756,000	648,000	108,000
4.建物・設備管理業務費				
(1)目視点検業務費	管理員業務費に含む	0	0	0
5.共用・専有緊急サービス業務費				
(1)警報設備監視業務費		648,000	324,000	324,000
(2)緊急サービス業務費		648,000	324,000	324,000
6.設備保守費				
(1)エレベーター保守費	3基	1,296,000	1,231,200	**64,800**
(2)受水槽保守費		83,700	73,818	**9,882**
(3)簡易水道水質検査料		14,166	12,636	**1,530**
(4)機械式駐車設備保守費	20台、年4回	252,000	216,000	**36,000**
(5)雑排水管系保守費		334,080	291,600	**42,480**
(6)浄化槽汚泥清掃料		113,400	101,520	**11,880**
(7)消防設備保守費		483,840	405,000	**78,840**
(8)設備巡回点検費	年6回	140,400	124,200	**16,200**
計		12,297,186 ➡	9,853,974	2,443,212
				▲19.9%

1戸当たり月額
1500円以上は
高い

項目ごとに
細かく見直す

事務管理業務費は
1戸当たりの
月額をチェックしてみる

管理委託費の見直し　管理会社継続

ケース3　コンシェルジュサービスは、費用対効果から見直したほうがベター

1棟、地上20階、278戸

（単位：円）

項目	仕様・内訳	従前（年間）	見直し後（同）	差額
1.会計管理業務費		1,195,560	1,141,560	54,000
2.コミュニティ管理業務費		2,022,840	1,914,840	108,000
3.技術管理業務費				
(1)技術管理基本業務費		749,520	658,310	91,210
(2)設備メンテナンス業務費				
①エレベーター保守業務費	4基、フルメンテナンス	4,502,520	3,658,200	844,320
②消防設備点検業務費	年2回	791,640	716,540	75,100
③受水槽清掃業務費	年1回	98,280	98,280	0
④簡易専用水道法定検査業務費	年1回	20,520	20,520	0
⑤建築設備定期検査業務費	年1回	58,320	58,320	0
⑥給水設備点検業務費	年1回	29,160	29,160	0
⑦排水設備点検業務費	年2回	33,480	33,480	0
⑧雑排水管清掃業務費	年1回	1,857,600	1,698,200	159,400
⑨ディスポーザー処理槽点検業務費	年12回	380,160	380,160	0
⑩空調設備点検業務費	年2回	118,800	118,800	0
⑪機械式駐車場点検業務費	102台、年4回	1,695,600	1,537,700	157,900
⑫自動ドア点検業務費	年4回	249,480	249,480	0
⑬宅配ボックス点検業務費	年12回	307,800	307,800	0
⑭巡回点検業務費	年4回	68,040	68,040	0
4.清掃業務費				
(1)日常清掃業務費	週5日7時間、3名	8,016,840	7,248,680	768,160
(2)定期清掃業務費	年4回	1,107,000	1,107,000	0
(3)ガラス清掃業務費	年4回	218,160	218,160	0
(4)照明器具清掃業務費	年1回	208,440	208,440	0
(5)植栽管理保守業務費	年3回	1,485,000	1,198,300	286,700
5.セキュリティ管理業務費				
(1)24時間総合設備監視業務費		2,180,520	2,180,520	0
(2)オンコール対応業務費		216,000	216,000	0
(3)緊急対応業務費		64,800	0	64,800
6.スタッフサービス業務費				
(1)管理員業務費	週7日8時間、1名	4,944,240	4,944,240	0
(2)コンシェルジュサービス業務費	**週7日11時間、1名**	**5,647,320**	**0**	**5,647,320**
7.諸経費		5,550,120	780,840	4,769,280
8.インターネット使用料		4,212,000	2,358,720	1,853,280
計		**48,029,760➡**	**33,150,290**	**14,879,470**
				▲31.0%

管理員とは別に本当に必要かは疑問

コンシェルジュはもともと高級に見せるため、売主がセットすることが多い

管理委託費の見直し　管理会社継続

ケース4　エレベーター設備の点検費は、メーカー系と独立系で3〜5割は違う

1棟、地上14階、115戸

（単位：円）

項目	仕様・内訳	従前（年間）	見直し後（同）	差額
1.事務管理業務費		2,520,000	1,440,000	1,080,000
2.日常清掃業務費	週5日	1,868,160	1,868,160	0
3.定期清掃業務費	3回/年 ⇒4回/年	617,880	617,880	0
4.建物・設備点検業務費				
(1)受水槽整備業務費	受水槽清掃、簡易専用水道検査1回/年	140,160	140,160	0
(2)排水管高圧洗浄業務費	1回/年	745,200	649,800	95,400
(3)排水処理槽設備点検業務費	点検12回/年、水質検査1回/年	676,200	676,200	0
(4)自動ドア点検業務費	2回/年	166,800	102,000	64,800
(5)エレベーター設備点検業務費	3基、フルメンテナンス	2,858,400	1,335,600	1,522,800
(6)宅配ボックス点検業務費	点検1回/年	248,400	194,400	54,000
計		**9,841,200➡**	**7,024,200**	**2,817,000**
				▲28.6%

独立系では半額以下になることも

車検と同じで
メーカー系でも独立系でも
点検内容にほぼ差はない

管理委託費の見直し　管理会社継続

ケース5 一般管理費や管理報酬といった項目は、利益の二重取りの可能性がある

5棟、地上10～20階、627戸

（単位：円）

項目	仕様・内訳	従前(年間)	見直し後(同)	差額
1.事務管理業務費				
⑴出納・会計業務費		5,171,040	3,316,788	1,854,252
⑵管理運営業務費				
⑶管理員費	月～日9:00～17:30	9,072,000	9,072,000	0
⑷共用部点検費	年6回	0	388,800	-388,800
2.清掃業務費				
⑴日常清掃費	9名、週6日、4時間/日	13,374,720	13,374,720	0
⑵定期清掃費		5,878,440	4,671,000	1,207,440
⑶各種清掃費		2,315,520	1,716,930	598,590
3.建物・設備管理業務費				
⑴消防設備点検料	法定点検(年2回)	2,032,560	1,810,890	221,670
⑵エレベーター保守料	11基、フルメンテナンス	10,768,680	3,650,400	7,118,280
⑶貯水槽清掃費	受水槽清掃(年1回)	318,600	291,600	27,000
⑷簡易専用水道検査料	年1回	15,120	15,120	0
⑸給水ポンプ点検料	年2回	147,960	136,080	11,880
⑹排水管清掃費	年1回	2,962,440	2,538,000	424,440
⑺排水設備清掃費	駐車場ピット年1回	1,153,440	1,087,560	65,880
⑻雨水槽清掃費	年1回	648,000	612,360	35,640
⑼機械式駐車場設備点検料	年4回	7,581,600	4,043,520	3,538,080
⑽オートドア点検料	年4回	795,960	465,750	330,210
4.植栽管理費		9,317,160	5,400,000	3,917,160
5.警備業務費	専有部分 遠隔機械警備	8,387,280	4,803,570	3,583,710
6.緊急対応業務費	緊急電話受付、共用設備 遠隔機械監視	233,280	228,744	4,536
7.管理要員業務費				
⑴警備員派遣費	月～土17:30～翌9:00 1名ほか	9,128,160	8,637,840	490,320
⑵フロント派遣費	週7日　8:00～20:00	6,264,000	5,721,408	542,592
8.一般管理費		**5,337,360**	**0**	**5,337,360**
9.管理報酬		**2,023,920**	**0**	**2,023,920**
10.直接契約		6,453,000	4,044,600	2,408,400
⑴宅配ロッカー維持管理費		1,522,800	761,400	761,400
⑵ディスポーザー処理槽点検費		1,290,600	1,252,800	37,800
⑶CATV維持管理費		3,045,600	1,522,800	1,522,800
計		115,239,240➡	79,564,680	35,674,560

▲31.0%

少なくとも、
何のための費用
か確認すべきだ

それぞれの項目に
管理会社の利益は
一定程度、含まれているはず

管理委託費の見直し 管理会社変更

ケース6 戸数の少ない小規模なマンションでも、見直しの余地は十分ある

1棟、地上3階、16戸

（単位：円）

項目	仕様・内訳	従前（年間）	見直し後（同）	差額
1.清掃業務費				
(1)日常清掃	定期清掃費及び管理員業務費に含む			
(2)定期清掃	年12回ほか	1,340,496	576,000	764,496
(3)特別清掃	共用ガラス外面	567,840	定期清掃に含む	
2.建物・設備保守点検業務費				
(1)エレベーター設備保守点検費	年4回	1,089,000	708,000	381,000
(2)給水設備保守費		**828,420**	**48,000**	**780,420**
受水槽清掃	給水設備保守に含む		給水設備保守に含む	
水質検査	給水設備保守に含む		給水設備保守に含む	
簡易専用水道検査	給水設備保守に含む		給水設備保守に含む	
(3)排水設備清掃費			**312,000**	**-312,000**
ポンプ点検	給水設備保守に含む		排水設備清掃に含む	
排水管清掃	給水設備保守に含む		排水設備清掃に含む	
排水枡清掃	給水設備保守に含む		排水設備清掃に含む	
雨水管清掃	給水設備保守に含む		排水設備清掃に含む	
(4)水槽設備清掃費			**144,000**	**-144,000**
雨水枡清掃	給水設備保守に含む		水槽設備清掃に含む	
汚水槽清掃	給水設備保守に含む		水槽設備清掃に含む	
消防用高架水槽清掃	給水設備保守に含む		法的義務なく対象外	
(5)消防設備保守点検費				
消防用受水槽清掃	給水設備保守に含む		給水設備保守に含む	
消防設備点検費		**933,060**	**180,000**	**753,060**
(6)機械式駐車場保守点検費				
ターンテーブル保守点検	年6回	148,440	132,000	16,440
シャッター保守点検	年2回	275,400	96,000	179,400
(7)自動ドア保守点検費	年4回	102,000	72,000	30,000
3.監視業務費	機械遠隔監視	634,992	180,000	454,992
4.植栽管理業務費		720,000	290,400	429,600
5.管理員業務費	月～金9:00～17:00	4,079,460	3,360,000	719,460
6.事務管理業務費		480,000	1,356,000	-876,000
7.その他	共用部空調設備フィルター清掃 年4回		36,000	-36,000
計		**11,199,108** ➡	**7,454,400**	**3,744,708**
				▲33.4%

内訳を細かく分けてチェックすることも重要

理由は分からないが、通常の5倍ほどの金額だった

項目によって
大幅に割高なものが
紛れ込んでいたりする

管理委託費の見直し　管理会社変更

ケース7　管理委託費の2割アップを求められたが、管理会社の変更でむしろ削減に成功

1棟、地上51階、589戸

（単位：円）

項目	仕様・内訳	従前（年間）	見直し後（同）	差額
1.事務管理業務費	出納業務、会計業務、管理運営業務	7,024,000	5,440,000	1,584,000
2.管理員業務費	1名、月～日　8:00～16:00（休憩1時間）、1名、月～日 12:00～19:00（休憩1時間）	8,506,400	7,600,000	906,400
3.警備員業務費	毎日（無休）24時間、2名	28,901,960	27,800,000	1,101,960
4.清掃業務費				
⑴日常清掃	週5日8:00～12:00 1名 週2日8:00～15:00 4名 週2日8:00～12:00 1名など	17,215,000	16,400,000	815,000
⑵定期清掃		4,080,000	4,060,000	20,000
5.緊急受付・監視業務費		6,580,560	5,760,000	820,560
6.建物・設備管理業務費				
⑴建物・設備点検業務費	建物外観点検1回／2年、設備外観機能点検年6回	480,000	480,000	0
⑵保守点検業務費				0
①エレベーター設備	8基	15,680,000	15,680,000	0
②防犯カメラ	年4回　EVカゴ内のカメラ貸与、機能点検	324,000	324,000	0
③宅配ロッカー監視	24時間監視、点検　年2回	900,000	900,000	0
④受水槽清掃	年1回	240,000	187,200	52,800
⑤簡易専用水道検査	年1回	72,000	54,000	18,000
⑥シャッター設備点検	年2回	80,400	72,000	8,400
⑦オートドア設備点検	年2回	280,800	252,000	28,800
⑧ディスポーザー設備点検	保守点検　年12回、水質検査年1回	588,000	564,000	24,000
⑨雑排水・汚水槽清掃	年3回	360,000	348,000	12,000
⑩水景設備点検	**年2回**	**200,400**	**180,000**	**20,400**
⑪雑排水管・排水升清掃	年1回	3,800,400	3,600,000	200,400
⑫ゴミ脱臭装置	年1回	780,000	744,000	36,000
⑬ゴミ貯留排出設備	年4回	478,800	456,000	22,800
⑭消防用設備等	年2回	2,700,000	2,220,000	480,000
⑮空調設備	年2回	924,000	900,000	24,000
⑯電動式防潮板装置	年1回	210,000	204,000	6,000
⑰チェーンゲート設備	年2回	108,000	105,600	2,400
⑱自家用電気工作物立会	年1回	120,000	114,000	6,000
⑲建築設備定期検査		180,000	150,000	30,000
計		100,814,720 ➡	94,594,800	6,219,920

▲6.2%

最近、管理委託費の
値上げ要請が増えているが、
慎重に検討したほうがいい

2割アップ
するところが、
むしろ
マイナスに

管理委託費の見直し　**管理会社変更**

ケース8　従来の管理会社が契約更新を辞退、新たな管理会社を探しコスト削減にも成功

1棟、地上15階、319戸

(単位：円)

項目	仕様・内訳	従前(年間)	見直し後(同)	差額
1.事務管理業務費		3,431,600	2,120,000	1,311,600
2.管理員業務費	24時間365日	11,422,000	13,440,000	-2,018,000
3.清掃業務費				
(1)日常清掃業務	週6日間、延べ120時間	9,016,000	8,678,400	337,600
(2)定期清掃業務	年4回	1,720,000	1,440,000	280,000
4.建物・設備管理業務費				
(1)外観点検・緊急対応業務	建築設備等　外観目視年4回	348,000	186,000	162,000
(2)給水設備保守業務	簡易専用検査1回／年、清掃・水質検査1回／年	135,600	120,000	15,600
(3)排水設備保守業務	専有部4カ所+共用部雑排水管清掃1回／2年	469,920	456,000	13,920
(4)建築設備定期検査業務	法定検査1回／年	120,000	102,000	18,000
(5)消防用設備等点検業務	2回／年	702,000	720,000	-18,000
(6)エレベーター設備保守業務	4基　標準保守点検4回／年+遠隔+法定検査	2,352,000	2,352,000	0
(7)宅配ボックス設備保守業務	4回／年	180,000	180,000	0
5.その他				
(1)監視業務	機械警備	240,000	132,000	108,000
(2)インターネット使用料		4,316,400	2,746,800	1,569,600
計		34,453,520 ➡	32,673,200	1,780,320
				▲5.2%

人件費はアップしても、削減できる項目もある

管理会社の中には
契約辞退のケースもあるが、
見直しのチャンスかも

契約を辞退されても、コストがアップするとは限らない

巻末2

マンション管理会社 主要14社 実力比較

全国に2000社ほどあるマンション管理会社のうち、これまで当社が何らかの形で関与したことのある大手管理会社の一部について、直近の企業データと簡単な解説のほか、当社独自の視点で４つの項目について評価してみました（満点で★10個）。

マンション管理会社を選んだり、判断したりする際の参考にしてみてください。

SJSが評価したポイントは4つ

担当者の平均担当物件数	担当者が担当する管理組合の平均的な件数についてです。件数が少ないほど評価は高くなります。平均の★5で、おおむね10〜15件です。
サポート力	管理組合の運営をサポートする力量についてです。例えば、必要に応じて技術担当者が理事会に出席して説明する、修繕工事を提案する際には見積書とともに写真と専門的見解をセットで提出する、などです。
対応の一貫性	管理組合に対する企業としての対応が一貫しているかどうかです。かつては他社からの変更を積極的に仕掛けながら、最近はコストアップを理由に大幅な値上げ交渉や契約打ち切りに転じているところもあります。
価格の値ごろ感	管理委託費の価格水準についてです。市場での競争価格との比較をベースにしています。割安感があるほど評価は高くなります。

受託戸数トップ30社（2019年）

デベロッパー系の子会社・関連会社が多めですが、担当者の担当物件数やサポート力など、サービスやレベルはさまざまです。

順位	社名	受託戸数	組合数	棟数
1	日本ハウズイング	448,774	8,332	9,555
2	大京アステージ	428,633	7,614	8,007
3	東急コミュニティー	338,581	5,170	6,452
4	三菱地所コミュニティ	334,601	4,333	5,172
5	長谷工コミュニティ	275,084	2,338	3,000
6	大和ライフネクスト	265,512	3,858	4,256
7	三井不動産レジデンシャルサービス	205,426	2,360	2,903
8	合人社計画研究所	204,652	3,930	4,297
9	住友不動産建物サービス	190,721	2,247	2,650
10	コミュニティワン	163,916	3,283	3,507
11	日本総合住生活	160,977	747	7,592
12	野村不動産パートナーズ	159,784	2,171	2,478
13	あなぶきハウジングサービス	121,930	2,603	2,631
14	穴吹コミュニティ	107,889	2,002	2,023
15	伊藤忠アーバンコミュニティ	106,908	1,280	1,627
16	グローバルコミュニティ	95,107	2,096	2,210
17	東京建物アメニティサポート	74,618	1,163	1,259
18	近鉄住宅管理	64,747	715	965
19	ナイスコミュニティー	63,122	1,182	1,412
20	大成有楽不動産	57,776	759	1,216
21	浪速管理	55,553	576	759
22	MMSマンションマネージメントサービス	55,083	866	1,000
23	日本管財住宅管理	49,583	845	975
24	日鉄コミュニティ	49,534	555	744
25	レーベンコミュニティ	48,850	825	866
26	長谷工スマイルコミュニティ	47,967	901	927
27	ライフポート西洋	47,827	1,165	1,221
28	総合ハウジングサービス	43,036	386	442
29	日本住宅管理	41,914	772	817
30	明和管理	41,449	877	893

※「マンション管理新聞」調べ。

日本ハウズイング

独立系管理会社として最大手。修繕工事の受注にも積極的
資本関係が複雑になっているのが気がかり

SJS評価

担当者の平均担当物件数	★★★★
サポート力	★★★★★
対応の一貫性	★★★★★★
価格の値ごろ感	★★★★★★

これまでの沿革

前身はビル清掃会社で1958年創業の上場企業

マンションデベロッパーの系列に属さない独立系の管理会社では最大手です。

1958（昭和33）年に学生だった創業者2人がビル清掃の会社をつくったのが前身で、8年後に日本ハウズイングを設立。2000（平成12）年に店頭公開、02年から東証二部に上場しています。

一時は「カテリーナ」ブランドでワンルームマンションの分譲事業を行ったり、JR田町駅前で大規模高層マンション「カテリーナ三田タワースイート」（2006年竣工）を分譲したりしましたが、現在はマンション管理の専業に戻っています。

2005（平成17）年以降、創業世代から次の世代への引き継ぎに当たって一部の大株主が離反。株式買い付けなどの騒動があり、現在は東証一部上場のリログループ、同業の合人社グループなど株主構成が複雑になっています。

特徴と課題

現場第一主義で現場の
清掃サービスに強い自信を持つ

清掃業からスタートした会社であり、管理員など現場での清掃サービスに強い自信を持っているようで、「現場第一主義」「現場力」を前面に打ち出しています。

また、独立系として他社からの変更を得意としてきましたが、近年は他社も追随してきて、かつてほどのパワーは見られないとの声も聞かれます。

現在も営繕部門を持ち、修繕工事の受注に積極的。有価証券報告書を見ると、売上高に占める割合において、マンション管理と営繕工事がほぼ4割ずつとなっています。

社名	日本ハウズイング株式会社			
本社	〒160-8410　東京都新宿区新宿1-31-12			
設立年月日	昭和41年9月13日			
登録年月日	平成29年7月4日			
登録番号	国土交通大臣(4)第030805号			
資本金	24億9290万円			
主要株主等	株式会社リログループ、株式会社合人社グループ、株式会社カテリーナ・ファイナンス、三菱UFJ信託銀行株式会社、小佐野　台、永井　枝美、日本ハウズイング従業員持株会、小佐野　弾、吉野　具美、菱進ホールディングス株式会社			
従業員数	5,711名（内、マンション管理部門　4,820名）			
資格保有状況	区分所有管理士	184名	マンション維持修繕技術者	278名
	管理業務主任者	986名	マンション管理士	275名
	宅地建物取引士	494名	一級建築士	23名
	二級建築士	49名	ビル経営管理士	2名

※マンション管理業協会資料（2019年）。

大京アステージ

グループ全体で53万戸超と業界トップ。M&Aにも積極的
大京グループの総合力を強調しているが、個性が見えない？

SJS評価

担当者の平均担当物件数	★★★★
サポート力	★★★★★
対応の一貫性	★★★★★★
価格の値ごろ感	★★★★★★

これまでの沿革

オリックスの連結子会社で、グループ全体の管理受託戸数は業界トップ

1969（昭和44）年、マンションデベロッパーである大京の子会社（大京管理）として設立され、2007（平成19）年から現在の社名になっています。

大京は2006（平成18）年まで29年連続、新築マンションの発売戸数でトップを続け、大京アステージも管理受託戸数を大きく伸ばしました。

しかし、バブル崩壊後、多額の負債を抱えた大京は2004（平成16）年、産業再生機構による支援が決定。翌年、オリックスと資本提携し、関連会社となります。さらに2014（平成26）年、優先株の普通株への転換に伴い、オリックスの連結子会社となっています。大京アステージもオリックスの孫会社という位置づけです。

なお、大京グループは不動産管理事業を柱とするストック事業の拡大を図っており、2009（平成21）年にオリックス・ファシリティーズ、J・COMS（現：ジャパン・リビング・コミュニティ）を子会社化するなどM&Aを積極的に進めており、グループ全体での管理受託戸数は53万戸超で業界トップです。

特徴と課題

災害時の支援と防災への取り組みに尽力しているが、人材不足が懸念

業界トップの管理受託戸数だけでなく、新築分譲、建築工事、不動産流通、リフォームなど大京グループとしての総合力を強調しているのが特徴といえるでしょう。最近、グループを挙げての災害時の支援と防災への取り組みを強調しているのも、その延長線上と思われます。

しかし、事業規模に比べて社員（正社員）が少ないのが気になります。管理員はパートなど非正規社員のためかもしれません。

M&Aを積極的に行ってきた反面、組織体制や社風の融合がなかなか進んでいないようにも感じます。今後、総合力だけではない個性をどのように打ち出していくのか、注目したいと思います。

社名	株式会社大京アステージ				
本社	〒151-0051　東京都渋谷区千駄ヶ谷4丁目19番18号　オリックス千駄ヶ谷ビル				
設立年月日	昭和44年4月5日				
登録年月日	平成29年2月25日				
登録番号	国土交通大臣(4)第030096号				
資本金	12億3700万円				
主要株主等	株式会社大京				
従業員数	1,378名（内、マンション管理部門　1,378名）				
資格保有状況	区分所有管理士	381名	マンション維持修繕技術者	92名	
	管理業務主任者	1,131名	マンション管理士	246名	
	宅地建物取引士	431名	一級建築士	16名	
	二級建築士	27名	ビル経営管理士	1名	

※マンション管理業協会資料（2019年）。

東急コミュニティー

マンションのみならず、大型ビルや商業施設なども幅広く管理
価格は高め。値下げ要求には子会社を紹介することも

SJS評価

担当者の平均担当物件数	★★★★★★
サポート力	★★★★★
対応の一貫性	★★★★★★
価格の値ごろ感	★★★★

これまでの沿革

大京グループに次ぐ管理受託戸数
最近は公共施設管理にも力を入れる

1970（昭和45）年、東急不動産など東急グループが開発するマンションやビルの管理会社としてスタートしました。

近年は東急グループ以外の物件も増加しており、PFI事業や指定管理者制度により公共施設管理の分野にも力を入れています。

1998（平成10）年、東証二部に上場し、2000（平成12）年には東証一部へ指定替えしました。しかし、2013（平成25）年、東急不動産グループの持株会社体制への移行に伴い、東急不動産ホールディングスの完全子会社となり、上場を廃止しました。

並行して同年、コミュニティワンを傘下に持つユナイテッドコミュニティーズを大手ファンドから約360億円で買収。現在、グループとしては52万戸超で、大京グループに次ぐ管理受託戸数を誇ります。

特徴と課題

ブランド力があり、ランキングでは上位の常連
金額設定は強気な面も

東急不動産グループとしてのブランド力や総合力を強みとしており、雑誌などの管理会社ランキングでも常に上位に名前を連ねています。また、大手デベロッパー系ながら他社からの変更にも力を入れているようで、管理受託戸数の3割を占めるといいます。

ただし、金額設定は強気な面も。「とにかく安く」という管理組合には、M＆Aで子会社としたコミュニティワンを紹介するなど棲み分けを図っている面もあるようです。

社名	株式会社東急コミュニティー			
本社	〒158-8509　東京都世田谷区用賀4-10-1 世田谷ビジネススクエアタワー			
設立年月日	昭和45年4月8日			
登録年月日	平成29年2月25日			
登録番号	国土交通大臣(4)第030095号			
資本金	16億5380万円			
主要株主等	東急不動産ホールディングス			
従業員数	7,894名(内、マンション管理部門　5,734名)			
資格保有状況	区分所有管理士	447名	マンション維持修繕技術者	638名
	管理業務主任者	1,920名	マンション管理士	502名
	宅地建物取引士	1,504名	一級建築士	106名
	二級建築士	125名	ビル経営管理士	23名

※マンション管理業協会資料（2019年）。

三菱地所コミュニティ

三菱ブランドだが、実態は旧藤和不動産系の藤和コミュニティ
近年、丸紅系の会社を吸収合併

SJS評価

担当者の平均担当物件数	★★★★★★
サポート力	★★★★★★
対応の一貫性	★★★★★
価格の値ごろ感	★★★★

これまでの沿革

数多くのM＆Aを経て、現在の姿に。
経緯を知る上でも一度話を聞くのが賢明

三菱地所グループのマンション管理会社ですが、実態は藤和コミュニティ（大手ゼネコンであった旧フジタの子会社である旧藤和不動産の子会社）が社名変更した会社です。

1969（昭和44）年、藤和不動産管理部が分離独立し、藤和管理を設立。1988（昭和63）年に社名を藤和コミュニティに変更しました。しかし、バブル崩壊により藤和不動産の経営が悪化。2005（平成17）年、三菱地所と藤和不動産が業務･資本提携し、藤和コミュニティは三菱地所の子会社に。三菱地所にも以前からダイヤコミュニティーという管理専門のグループ会社があり、これら企業のさまざまなM＆Aを経て、藤和コミュニティが三菱地所コミュニティに。さらに2016（平成28）年には丸紅系の旧三菱地所丸紅住宅サービスを合併しました。

こうした経緯は非常に複雑で、一般の区分所有者にはなかなか分からないと思います。三菱地所コミュニティに管理を委託している管理組合の方は、一度説明を受けてみるといいと思います。

特徴と課題

藤和系、三菱系、丸紅系。
それぞれの社員の連携や業務レベルの平準化が課題か

積極的なM＆Aで規模を拡大し、現在は三菱地所グループ唯一のマンション管理会社となっていますが、沿革からも分かるように旧藤和不動産系の藤和コミュニティが母体です。

社員には藤和系、三菱系、丸紅系が混在していると思われます。組織としての融合や業務レベルの平準化をどう図っていくかが課題でしょう。

なお、2018（平成30）年、管理員用の制服として作業着としての機能性とフォーマル感を両立させたスーツ型作業着「WORK WEAR SUIT（ワークウェアスーツ）」の導入を発表しました。ブランディングと組織融合の狙いがあるように感じます。

社名	三菱地所コミュニティ株式会社				
本社	〒102-0075　東京都千代田区三番町6番地1 三菱地所コミュニティビル				
設立年月日	昭和44年12月1日				
登録年月日	平成29年7月16日				
登録番号	国土交通大臣(4)第031049号				
資本金	1億円				
主要株主等	三菱地所コミュニティホールディングス株式会社				
従業員数	5,402名				
資格保有状況	区分所有管理士	54名	マンション維持修繕技術者	237名
	管理業務主任者	945名	マンション管理士	234名
	宅地建物取引士	159名	一級建築士	28名
	二級建築士	72名	ビル経営管理士	12名

※マンション管理業協会資料（2019年）。

長谷工コミュニティ

ゼネコン系管理会社の最大手。大規模修繕工事などは分離
施主のデベロッパーに対してどれだけ管理組合の味方になれるか

SJS評価

担当者の平均担当物件数	★★★★★
サポート力	★★★★★
対応の一貫性	★★★★★
価格の値ごろ感	★★★★★★

これまでの沿革

独自のビジネスモデルで首都圏マンションの3割以上を手がける大手ゼネコン系列

新築マンションの施工でトップシェアを誇る大手ゼネコン、長谷工コーポレーションのグループ会社です。ゼネコン系管理会社では最大手といっていいでしょう。

1978（昭和53）年、長谷工管理として設立され、1988（昭和63）年、長谷工管理と長谷工サービスが合併して長谷工コミュニティに社名を変更しました。

現在の親会社は長谷工管理ホールディングス。長谷工グループの分譲マンション管理事業を統括する中間持株会社であり、長谷工コミュニティのほか、長谷工スマイルコミュニティ、長谷工コミュニティ九州などを統括しています。

なお、実質的な親会社に当たる長谷工コーポレーションは、土地情報とセットでデベロッパーに新築マンションの施工を提案・受注するという独自のビジネスモデルで、いまや首都圏では新築マンション工事の3割以上を手がけるとされます。

特徴と課題

**マンションの建設から
販売、管理までの総合力が魅力だが、
大規模工事の窓口は親会社**

いま触れたように、長谷工コーポレーションは新築マンションの施工ではトップ企業です。長谷工コミュニティもゼネコン系として、技術力には自信を持っているようです。

また、マンションの建設から販売、管理までグループで対応するのを強みとしており、総合力をセールスポイントにしています。

しかし、逆にいうと、長谷工コーポレーションが工事を受注するデベロッパーはグループ全体の顧客であり、頭が上がらないということにならないか気になります。

また、管理受託戸数が27万戸超でありながら、従業員数が785名と同業他社と比較して少ないのも注目されます。

なお、ホームページを見ると以前に比べ、他社からの変更への対応に積極的になっているようです。

社名	株式会社長谷工コミュニティ			
本社	〒105-0014　東京都港区芝2-6-1 長谷工芝二ビル			
設立年月日	昭和53年9月7日			
登録年月日	平成29年6月1日			
登録番号	国土交通大臣(4)第030710号			
資本金	28億4000万円			
主要株主等	株式会社長谷工管理ホールディングス			
従業員数	785名(内、マンション管理部門　785名)			
資格保有状況	区分所有管理士	50名	マンション維持修繕技術者	102名
	管理業務主任者	453名	マンション管理士	124名
	宅地建物取引士	26名	一級建築士	28名
	二級建築士	26名	ビル経営管理士	0名

※マンション管理業協会資料（2019年）。

大和ライフネクスト

旧リクルート系の管理会社を吸収合併して規模拡大
デベロッパー系だが以前から他社からの変更に積極的

SJS評価

担当者の平均担当物件数	★★★★★★★
サポート力	★★★★★★
対応の一貫性	★★★★★
価格の値ごろ感	★★★★★

これまでの沿革

リクルート系のコスモスライフが前身
管理物件や社員の多くはコスモスライフからの引き継ぎが中心か

大和ハウスグループのマンション管理会社ですが、もとはリクルート系の不動産会社であるコスモスイニシアの管理子会社、コスモスライフが前身です。

2009（平成21）年、リーマンショックで経営が悪化したコスモスイニシアが経営立て直しの一環として、コスモスライフを大和ハウスに譲渡。コスモスイニシアも2013（平成25）年に大和ハウスグループに入っています。

2010（平成22）年、コスモスライフは大和ライフネクストに社名を変更。さらに2015（平成27）年、従来から建物管理などを行っていた同じ大和ハウスグループのダイワサービスと合併（ダイワサービスが存続会社）、現在の大和ライフネクストになりました。

こうした経緯から、管理物件や社員は、コスモスライフから引き継いだ割合が高いと思われます。

特徴と課題

人材力が強み
他社物件からの変更も積極的に

リクルート系だったことから、人材の採用・育成に積極的で、管理員は基本的に正社員採用。研修にも力を入れており、人材力が強みのようです。

管理会社の中ではデベロッパー系に分類されますが、コスモスライフの頃から他社からの変更に積極的で、現在、受託管理のうち35%は変更によるものとしています。

特に、財閥系の大規模マンションなどで変更先となるケースが目立つように思います。その一方、小規模なマンションでは担当者のサポートが手薄になりがちとの声も聞きます。

社名	大和ライフネクスト株式会社			
本社	〒107-0052　東京都港区赤坂5-1-33			
設立年月日	昭和58年3月8日			
登録年月日	平成29年6月18日			
登録番号	国土交通大臣(4)第060755号			
資本金	1億3010万円			
主要株主等	大和ハウス工業株式会社			
従業員数	7,984名(内、マンション管理部門　5,217名)			
資格保有状況	区分所有管理士 79名		マンション維持修繕技術者 249名	
	管理業務主任者 1,008名		マンション管理士 307名	
	宅地建物取引士 414名		一級建築士 69名	
	二級建築士 62名		ビル経営管理士 2名	

※マンション管理業協会資料（2019年）。

三井不動産レジデンシャルサービス

財閥系デベロッパーの直系子会社。これまでM＆Aなし プライドと金額は高め、価格交渉にはほとんど応じない

SJS評価

担当者の平均担当物件数	★★★★★★
サポート力	★★★★★★
対応の一貫性	★★★★★★
価格の値ごろ感	★★★★

これまでの沿革

ブランド力とプライドの三井不動産グループ

三井不動産グループのマンション管理会社で、三井不動産レジデンシャルの子会社です。

1973（昭和48）年に第一メンテナンスとして設立され、1981（昭和56）年に第一ホームと合併、社名が三井不動産住宅サービスとなりました。

2006（平成18）年、三井不動産と三井不動産販売に分かれていたグループの住宅分譲事業が統合され、製販一体の新会社「三井不動産レジデンシャル」ができると、その子会社となりました。

さらに2014（平成26）年、社名を三井不動産レジデンシャルサービスへ変更しました。このとき、エリア別に設けられている管理会社も「三井不動産レジデンシャル＋地域名（関西など）」に変更されています。

特徴と課題

さらなるブランド強化へ 管理委託費の見直し交渉には、二の足

近年、不動産管理業界ではM＆Aの嵐が吹き荒れていますが、同社はそうした動きと一線を画しており、親会社である三井不動産レジデンシャルとの連携強化を図るなど、ブランド強化に力を入れているようです。この点は同じ財閥系でも、三菱地所コミュニティとは対照的です。

また、会社全体としてプライドがとても高いように感じます。そのためか、時として管理組合からの要望に対して杓子定規な対応を見せ、反発を招くことにつながることもあります。管理委託費の見直し交渉にはあまり応じませんが、ホームページでは他社からの変更事例を紹介するなど意外な一面もうかがえます。

社名	三井不動産レジデンシャルサービス株式会社			
本社	〒135-0061　東京都江東区豊洲5-6-52 NBF豊洲キャナルフロント4F			
設立年月日	昭和48年7月14日			
登録年月日	平成29年2月7日			
登録番号	国土交通大臣(4)第030042号			
資本金	4億円			
主要株主等	三井不動産レジデンシャル株式会社			
従業員数	2,690名(内、マンション管理部門　2,313名)			
資格保有状況	区分所有管理士	196名	マンション維持修繕技術者	197名
	管理業務主任者	624名	マンション管理士	191名
	宅地建物取引士	298名	一級建築士	66名
	二級建築士	49名	ビル経営管理士	0名

※マンション管理業協会資料（2019年）。

合人社計画研究所

広島本社の独立系大手
価格競争力は高いものの、業務品質にはムラも？

SJS評価

担当者の平均担当物件数	★★★★★★
サポート力	★★★★★
対応の一貫性	★★★★★★
価格の値ごろ感	★★★★★★★

これまでの沿革

創業者は、元関電の設計者
独立系として管理受託戸数を伸ばし、経団連に加入

創業者は大学卒業後、関西電力でダムの設計を行っていましたが、1976（昭和51）年に広島に戻り、広島工業大学の助教授をしながら、1980（昭和55）年に同社を設立しました。

当初は環境土木関連のコンサルタント会社でしたが、三井不動産が広島市内で開発した住宅団地で汚水処理施設の管理を請け負い、その実績が認められて1983（昭和58）年に三井不動産からマンション管理を受託。分譲マンションの管理業に転換したそうです。

その後、独立系として順調に管理受託戸数を伸ばし、いまや業界大手の一角を占めるようになりました。

2007（平成19）年には持株会社化。2013（平成25）年にはマンション管理業界で初めて日本経済団体連合会（経団連）に加入しました。

特徴と課題

会計システムの
自動化を早くから実施

独立系で価格競争力には定評があり、他社からの変更により管理受託戸数を伸ばしてきました。大手では珍しく本社を広島に置き、全国各地で多くの企業と提携したり合弁会社をつくったりすることに力を入れているのも特徴です。

会計システムの自動化を早くから進め、担当者が管理組合の資金に直接タッチする場面がほとんどなく、金銭面でのトラブル（事件）がないことをセールスポイントのひとつにしています。

創業社長のもとでここまで大きく成長しましたが、今後を見据えると、どのように次世代へ事業と組織を承継していくのかが注目されます。

社名	株式会社合人社計画研究所			
本社	〒730-8570　広島県広島市中区袋町4-31 合人社広島袋町ビル			
設立年月日	昭和55年1月9日			
登録年月日	平成29年7月4日			
登録番号	国土交通大臣(4)第070804号			
資本金	3億円			
主要株主等	株式会社合人社グループ			
従業員数	4,945名(内、マンション管理部門　4,945名)			
資格保有状況	区分所有管理士	8名	マンション維持修繕技術者	51名
	管理業務主任者	916名	マンション管理士	173名
	宅地建物取引士	342名	一級建築士	187名
	二級建築士	68名	ビル経営管理士	3名

※マンション管理業協会資料（2019年）。

住友不動産建物サービス

財閥系デベロッパーの子会社
方針転換で親会社の新築マンション管理に集中か

SJS評価

担当者の平均担当物件数	★★★★★★
サポート力	★★★★★★
対応の一貫性	★★★
価格の値ごろ感	★★★★

これまでの沿革

オフィスビルの
管理も手がける

1973（昭和48）年、住友不動産の管理部から分離独立し、いずみ建物管理として設立されました。

住友不動産が分譲するマンションの管理だけでなく、オフィスビルなどの管理も手がけています。

1986（昭和61）年に社名を住友不動産建物サービスに変更しました。

三井不動産レジデンシャルサービスと同じように、これまでまったくといっていいほどM＆Aは行っていないようです。

特徴と課題

他社からの変更に積極的な時期も
あったが最近は方針転換の模様

財閥系デベロッパーの子会社ですが、かつて他社からの変更に積極的に取り組んでいたこともありました。

しかし、現在は他社からの変更には対応していないようです。大きな理由はおそらく、親会社である住友不動産が大量の新築マンションを分譲していることです。2010（平成22）年ごろから供給戸数が業界トップクラスとなり、2014（平成26）年からは6年連続のトップです。その管理で手いっぱいなのではないでしょうか。

同じ理由から最近は、これまで管理を受託してきたマンションにおいて管理委託費の大幅値上げや管理の辞退を申し入れるケースもあるようです。

社名	住友不動産建物サービス株式会社			
本社	〒160-0023　東京都新宿区西新宿七丁目22番12号　泉ホシイチビル			
設立年月日	昭和48年7月11日			
登録年月日	平成29年2月25日			
登録番号	国土交通大臣(4)第030080号			
資本金	3億円			
主要株主等	住友不動産株式会社			
従業員数	3,521名(内、マンション管理部門　2,850名)			
資格保有状況	区分所有管理士	58名	マンション維持修繕技術者	206名
	管理業務主任者	521名	マンション管理士	157名
	宅地建物取引士	299名	一級建築士	32名
	二級建築士	46名	ビル経営管理士	2名

※マンション管理業協会資料（2019年）。

コミュニティワン

旧ダイア建設の子会社から、大手投資ファンドを経て現在は東急コミュニティーの子会社に

SJS評価

担当者の平均担当物件数	★★★★★
サポート力	★★★★
対応の一貫性	★★★★★★
価格の値ごろ感	★★★★★★

これまでの沿革

ここ10年で目まぐるしい経営体制の変化

1970年代にマンション管理業をスタートし、1987（昭和62）年に大手デベロッパーであったダイア建設の子会社として、ダイア管理となりました。

バブル崩壊後、ダイア建設は2003（平成15）年に産業再生機構の支援第一号としてレオパレス21の傘下に入り、再建途上の2008（平成20）年にダイア管理を大手投資ファンドが出資するユナイテッドコミュニティーズに売却しました。そして、2009（平成21）年にはコミュニティワンに社名を変更。ユナイテッドコミュニティーズは、ほかにもマリモコミュニティなど合計５社の管理会社を買収し、一時はグループ全体で約14万5000戸の分譲マンションを管理していました。

2013（平成25）年、今度は東急コミュニティーが約361億円でユナイテッドコミュニティーズを買収（後に吸収合併）し、現在コミュニティワンは東急コミュニティーの完全子会社となっています。

特徴と課題

業績は堅調、コストの安い第２ブランド的な位置づけに

沿革を見ても分かるように、親会社であったダイア建設から、大手投資ファンドを経て東急不動産グループ入りするなど、ここ10年で目まぐるしく経営体制が変わってきました。

その間、社員のモチベーションの維持など難しかったように思いますが、業績は堅調なようです。

現在は東急コミュニティーの子会社として、比較的コストの安い第２ブランド的な位置づけがされているようです。

今後、東急不動産グループの中での位置づけや組織体制をどのようにしていくのか注目されます。

社名	コミュニティワン株式会社			
本社	〒141-0031　東京都品川区西五反田5-2-4 レキシントン・プラザ西五反田4F			
設立年月日	昭和50年5月2日			
登録年月日	平成29年5月16日			
登録番号	国土交通大臣(4)第030453号			
資本金	2億8567.5万円			
主要株主等	株式会社東急コミュニティー			
従業員数	3,756名(内、マンション管理部門　3,595名)			
資格保有状況	区分所有管理士	28名	マンション維持修繕技術者	81名
	管理業務主任者	410名	マンション管理士	102名
	宅地建物取引士	254名	一級建築士	25名
	二級建築士	26名	ビル経営管理士	0名

※マンション管理業協会資料（2019年）。

野村不動産パートナーズ

マンション分譲の野村不動産とともに、急速にイメージアップ
顧客満足度も高いとされるが、結局は人材次第か

SJS評価

担当者の平均担当物件数	★★★★★★★
サポート力	★★★★★★
対応の一貫性	★★★★★★
価格の値ごろ感	★★★★★

これまでの沿革

ビル管理とマンション管理を同じ会社に

昭和30年代初めに野村證券から分離独立した野村不動産が、1977（昭和52）年に設立した野村ビル総合管理の住宅管理部門が前身です。

1991（平成3）年、野村ビル総合管理の子会社（野村不動産の孫会社）として野村住宅管理となり、2001（平成13）年には野村リビングサポートに社名を変更しました。

このようにビル管理とマンション管理が別々の会社になっていましたが、2014（平成26）年、野村ビルマネジメント（旧野村ビル総合管理）と野村リビングサポートが合併して再び一緒になり、野村不動産パートナーズが誕生しました。

現在の親会社である野村不動産ホールディングスは、2004（平成16）年に野村不動産グループが持株会社化してできたものです。

特徴と課題

ブランド戦略で最も成功した「プラウド」シリーズの管理を担当

現在は野村不動産ホールディングスの子会社として、兄弟会社である野村不動産が分譲する「プラウド」シリーズなどの分譲マンションの管理を担当しています。

「プラウド」シリーズは2002（平成14）年に誕生しましたが、そのブランド戦略は分譲マンション業界で最も成功した例といわれ、野村不動産パートナーズもイメージがアップしています。例えば、新築分譲マンションのセカンドオピニオンサイト「住まいサーフィン」が発表している、入居者による管理満足度調査では11年連続で1位となっています。

そのためか、野村不動産パートナーズのホームページでは、他社からの変更関連の情報が一切掲載されていません。顧客満足度の高さを前面に出して、他社との差別化を図る戦略でしょう。

社名	野村不動産パートナーズ株式会社				
本社	〒163-0562　東京都新宿区西新宿1-26-2 新宿野村ビル21F				
設立年月日	平成26年4月1日				
登録年月日	平成27年12月17日				
登録番号	国土交通大臣(2)第033715号				
資本金	2億円				
主要株主等	野村不動産ホールディングス株式会社				
従業員数	5,167名(内、マンション管理部門　3,528名)				
資格保有状況	区分所有管理士	28名	マンション維持修繕技術者	279名	
	管理業務主任者	594名	マンション管理士	106名	
	宅地建物取引士	434名	一級建築士	72名	
	二級建築士	94名	ビル経営管理士	18名	

※マンション管理業協会資料（2019年）。

ナイスコミュニティー

マンション分譲も手がける住宅資材商社の管理会社
大規模物件で管理委託費を大幅値下げした例も

SJS評価

担当者の平均担当物件数	★★★★★
サポート力	★★★★
対応の一貫性	★★★★★★
価格の値ごろ感	★★★★★★

これまでの沿革

神奈川県横浜市に本社がある
住宅資材商社が本体

1974（昭和49）年、日榮住宅資材（現ナイス）の出資により、ニックホームサービスとして設立。1985（昭和60）年、社名を日榮コミュニティーに変更し、さらに2000（平成12）年、ナイスコミュニティーとしました。

ナイスは、神奈川県横浜市に本社を置く住宅資材商社が本体であり、現在は住宅の分譲事業や不動産仲介事業なども手がけています。

特徴と課題

他社からの変更にも積極的
グループの混乱の影響が心配

ナイスコミュニティーは、本社のある神奈川県を中心に首都圏を主な事業エリアとしています。タイプとしてはデベロッパー系で、グループ会社が分譲した某大規模マンションでは、他社からの変更を避けるため管理委託費の大幅な引き下げを行ったケースもあります。ただ、最近は他社からの変更にも積極的に取り組んでいるようです。

なお、2019（平成31）年には、東証1部上場のグループ持株会社（すてきナイスグループ）で粉飾決算の疑いが浮上。元代表取締役などが逮捕・起訴されました（2020年4月時点で判決未定）。これにともない、2020（令和2）年4月より、持株会社であるすてきナイスグループが中核子会社のナイスを吸収合併し、社名もナイスに変更しています。

社名	ナイスコミュニティー株式会社				
本社	〒230-0051　神奈川県横浜市鶴見区鶴見中央3-2-13				
設立年月日	昭和49年6月11日				
登録年月日	平成29年2月27日				
登録番号	国土交通大臣(4)第030146号				
資本金	1億8000万円				
主要株主等	すてきナイスグループ株式会社				
従業員数	314名(内、マンション管理部門　203名)				
資格保有状況	区分所有管理士	48名	マンション維持修繕技術者	50名	
	管理業務主任者	221名	マンション管理士	39名	
	宅地建物取引士	94名	一級建築士	10名	
	二級建築士	22名	ビル経営管理士	0名	

※マンション管理業協会資料（2019年）。

大成有楽不動産

スーパーゼネコンの子会社であり、マンション分譲事業などとともにマンション管理も行う

SJS評価

担当者の平均担当物件数	★★★★★
サポート力	★★★★★
対応の一貫性	★★★★★★
価格の値ごろ感	★★★★★

これまでの沿革

管理事業と分譲マンション事業を手がけていた2社が合併

大成有楽不動産は、スーパーゼネコンのひとつである大成建設グループの会社です。

前身のひとつは、1971（昭和46）年に設立された大成サービスで、住宅やビルの管理事業などを行っていました。

また、1953（昭和28）年に設立された有楽土地も前身のひとつで、住宅地の分譲事業やビルディング事業、分譲マンション事業などを手がけていました。

2012（平成24）年、大成サービスと有楽土地が合併し、大成有楽不動産となりました。

特徴と課題

ポテンシャルは高いが、マンション管理部門は全体の2割

社名や沿革からも分かるように、同社は総合不動産会社であり、マンション管理専業ではありません。新築マンションの分譲事業や総合ビル管理業も手がけています。

そのため、社員のうちマンション管理部門の人数は全体の2割にとどまり、社内でどのような位置づけがなされているのかやや気になるところです。

しかし、総合不動産会社として社員の能力やポテンシャルは高いと思われ、安定したストックビジネスであるマンション管理において今後、より積極的な取り組みが期待されます。

社名	大成有楽不動産株式会社			
本社	〒104-8330　東京都中央区京橋3-13-1 有楽ビル			
設立年月日	昭和46年10月1日			
登録年月日	平成29年8月5日			
登録番号	国土交通大臣(4)第031293号			
資本金	100億円			
主要株主等	大成建設株式会社			
従業員数	3,458名(内、マンション管理部門　676名)			
資格保有状況	区分所有管理士	72名	マンション維持修繕技術者	17名
	管理業務主任者	250名	マンション管理士	58名
	宅地建物取引士	343名	一級建築士	60名
	二級建築士	32名	ビル経営管理士	18名

※マンション管理業協会資料（2019年）。

レーベンコミュニティ

東京・埼玉・神奈川を中心とする、デベロッパー系の中堅管理会社。独自の取り組みが見られ、最近は他社からの変更にも積極的

SJS評価

担当者の平均担当物件数	★★★★
サポート力	★★★★★
対応の一貫性	★★★★★★
価格の値ごろ感	★★★★★★★

これまでの沿革

親会社はタカラレーベン
管理会社変更の相談依頼は増加傾向

親会社は、東京・埼玉・神奈川をメインに分譲マンション事業を手がけるタカラレーベン（東証一部上場）です。

また、近年はタカラレーベンが販売した物件以外の管理組合から、管理会社変更による受託件数が増えています。

特徴と課題

高齢化や事情に応じて
提案するコンサル業に注力

中堅クラスの管理会社の中では勢いがあるように感じます。他社からの変更だけでなく、投資型マンションや組合員全体が高齢化したマンションなど、役員を選出することが困難な事情を抱えている管理組合向けに第三者管理（管理者管理）方式を提案したり、中堅・中小のマンション管理会社に対してのコンサルティングも打ち出しています。

今後、M＆Aを積極的に仕掛けていく可能性がありそうです。

社名	株式会社レーベンコミュニティ			
本社	〒102-0075　東京都千代田区三番町6番地14 日本生命三番町ビル			
設立年月日	昭和63年4月28日			
登録年月日	平成29年5月28日			
登録番号	国土交通大臣(4)第030547号			
資本金	6000万円			
主要株主等	株式会社タカラレーベン			
従業員数	369名(内、マンション管理部門　262名)			
資格保有状況	区分所有管理士	12名	マンション維持修繕技術者	8名
	管理業務主任者	92名	マンション管理士	14名
	宅地建物取引士	53名	一級建築士	9名
	二級建築士	7名	ビル経営管理士	0名

※マンション管理業協会資料（2019年）。

編 者 紹 介

ソーシャルジャジメントシステム

1997年、分譲マンションの管理組合と区分所有者をサポートする日本初のコンサルティング会社として設立される。これは国が分譲マンションにおける管理の重要性を明確に打ち出した「マンションの管理の適正化の推進に関する法律」(マンション管理適正化法)が成立する3年前のことであった。

以来、業界の先駆者として1万件を超える相談に応じるほか、管理委託費の無料簡易査定、理事会の定期サポート、日常の管理業務を見える化するITシステムの開発などを行っている。

一級建築士事務所として、大規模修繕工事等の設計監理、アフターサービス活用のための点検サポート等も手がける。

https://www.sjsmdn.co.jp

著 者 紹 介

廣田《ひろた》晃崇《てるたか》

株式会社ソーシャルジャジメントシステム代表取締役社長
1978年東京生まれ。日本大学経済学部卒。金融会社を経てソーシャルジャジメントシステムに入社。経理部門、事業開発部門などを経て2008年より現職。

マンション管理はこうして見直しなさい［新版］

2020年6月10日　第1刷発行

編　者——ソーシャルジャジメントシステム
著　者——廣田晃崇
発行所——ダイヤモンド社
〒150-8409　東京都渋谷区神宮前6-12-17
http://www.diamond.co.jp/
電話／03·5778·7233（編集）　03·5778·7240（販売）
装　丁——中井辰也
構　成——古井一匡
編集協力——落合恵
製作進行——ダイヤモンド・グラフィック社
印　刷——堀内印刷所（本文）・ベクトル印刷（装丁）
製　本——ブックアート
編集担当——土江英明

ISBN 978-4-478-10867-3